Évitez de dire...
Dites plutôt...

Remerciements à Annick Valade,
du jury national des Dicos d'or,
pour ses conseils et sa relecture.

22, rue Huyghens, 75014 Paris

Les Dicos d'or
de Bernard Pivot

Évitez de dire...
Dites plutôt...

Bernard Laygues

LE GRAND LIVRE DU MOIS

SOMMAIRE

Préface

Un guide du savoir dire

Pendant l'intervention américaine, comme la plupart des journalistes, je commettais l'erreur de dire : « Mazar-e Charif, qui est une ville au nord de l'Afghanistan... » Au nord de l'Afghanistan, il y a l'Ouzbékistan et le Tadjikistan. C'est *dans* le nord de l'Afghanistan que se situe Mazar-e Charif. Une préposition à la place d'une autre, et se crée la confusion. Avignon, Nice, Marseille sont dans le sud, et non au sud de la France.

Cette erreur, Bernard Laygues l'a entendue mille fois. Et des « mis à jour » à la place des « mis au jour » encore plus souvent. Et des « dorénavant » confondus avec des « désormais », des « illettrés » avec des « analphabètes », des pensées « fugitives » avec des pensées « fugaces », des « décades » avec des « décennies », des « eux aussi » avec des « eux non plus », des « ceci » avec des « cela », autant de bévues dont, à la radio comme à la télévision, au café comme au bureau, on lui a, non pas rabattu mais rebattu les oreilles.

Alors il a noté tous ces mots, toutes ces locutions employés fautivement dans les conversations, les débats, les allocutions, les déclarations, les journaux de 20 heures, les interviews, les bavardages. Il en propose aujourd'hui un inventaire, non pas pour se moquer de notre inclination – et non inclinaison – à prendre et à utiliser un mot pour un autre, mais pour nous rappeler le bon usage et nous encourager à ne pas le transgresser.

« Ne dites pas... mais dites... », telle est la formule employée par les prédécesseurs de Bernard Laygues. Ne dites pas cette ânerie, mais dites la règle. Les temps ont changé. On est moins rude, moins radical, plus avenant. Bernard Laygues qui est de fait un homme affable, souriant, ne veut pas jouer les gendarmes grincheux et autoritaires. Il a donc opté pour la formule diplomatique qui scande tout son livre : « Évitez de dire... dites plutôt... » Autrement dit : soyez correct, soyez malin, épargnez-vous cette confusion, ce barbarisme, ce pléonasme, toutes calamités qui vous sont préjudiciables ; suivez plutôt mon conseil, et, si vous le voulez bien, employez donc les mots qui conviennent, grâce auxquels vous serez entendu, compris et jugé avec faveur. Évitez de dire des bêtises, dites plutôt des choses justes.

Spontanées ou ressassées, nos bêtises ne sont pas toutes égales. Il en est de gravissimes, qui la fichent mal, et d'autres, pointues, subtiles, qui ne sont relevées que par de fines oreilles. « Évitez de dire » s'applique plus, c'est vrai, à celles-ci qu'à celles-là. Mais on n'allait pas tout au long du livre, de « Ne dites jamais, sous peine de honte et de déchéance » à « Vous pouvez le dire, mais ce serait mieux si vous ne le disiez pas », moduler l'ordre ou le conseil selon la gravité de l'erreur.

Oncle impitoyable mais gentil et habile, Bernard Laygues a choisi la formule qui ne vexe ni ne braque. Il croit dans la volonté des hommes de se corriger et dans leur désir de progresser. Son livre est un espèce... pardon ! *une* espèce – de guide du savoir dire.

Bernard Pivot

Des mots...
et du sens

Écoutons les différences

Chacun le sait : il faut s'entendre sur les mots pour bien communiquer. Or, il n'est pas toujours facile de trouver dans l'instant le terme « qui va bien ». D'autant que nombre de faux amis, faux frères peut-être, nous guettent, et que même deux synonymes n'avouent jamais tout à fait la même chose... « Les mots, disait Victor Hugo, sont des êtres vivants. » Certains meurent jusque sous nos yeux (parle-t-on encore d'un *cache-nez* pour une *écharpe* ?). D'autres naissent et prospèrent (*empathie* à côté de *sympathie*). Mais il est aussi des disparitions – ou distorsions – imméritées, dues à une non-assistance à langage en danger. En cause : nos facilités réductrices...

Évitez de dire : Des **abats** à l'étal du volailler...
Dites plutôt : Des **abattis** à l'étal du volailler...
Comme pour adoucir le mot **abats** (pieds, foie, rognons, etc., des animaux de boucherie), c'est **abattis** qui convient pour désigner pattes, cou, foie, gésier, etc., des volailles. La locution imagée **numéroter ses abattis** (et non « ses abats ») évoque l'éventualité de perdre bras et jambes sous des coups.

Évitez de dire : Votre jambe écartée est en **adduction**.
Dites plutôt : Votre jambe écartée est en **abduction**.
À une lettre près !... **Abduction** (préfixe latin *ab-*, « hors de ») = action d'éloigner de l'axe du corps (« muscles abducteurs »). **Adduction** (*ad-*, « auprès de ») = action de rapprocher de l'axe (« adducteurs »).

Évitez de dire : Nous **abjurons** les décideurs de nous entendre.
Dites plutôt : Nous **adjurons** les décideurs de nous entendre.
B ou *d* ? La différence est là. **Abjurer** = renier, abandonner solennellement une opinion (à l'origine, religieuse), comme Henri IV abjurant le protestantisme pour le trône. **Adjurer** = supplier quelqu'un, demander instamment quelque chose. → Abjuration/adjuration.

Évitez de dire : Un chômage en baisse **à cause de** la relance...
Dites plutôt : Un chômage en baisse **grâce à** la relance...

À cause de = par la faute de... Pour une cause heureuse, on dit **grâce à** (« Ces accidents à cause de l'imprudence... Ces vies épargnées grâce à la prévention... »). Mais **grâce à** s'emploie aussi par ironie (« Tout s'écroule... grâce à ce maladroit »).

Évitez de dire : Prenons ces mots dans leur **acceptation** usuelle.
Dites plutôt : Prenons ces mots dans leur **acception** usuelle.

Les **acceptions** d'un mot = ses sens possibles. Par exemple, « hôte » désigne aussi bien celui qui reçoit que celui qui est reçu, alors que « hôtesse » ne désigne que la femme qui reçoit ou qui prend soin de... Employer un terme « dans toute son acception », c'est lui donner la plénitude de son sens (« Elle est charmante, dans toute l'acception du terme »). **Acceptation** = action d'accepter (« L'acceptation d'une offre... »).

Évitez de dire : La justice ne fait **exception** de personne.

Dites plutôt : La justice ne fait **acception** de personne.

Ici, **acception** = égard, préférence. « Ne faire **acception** de personne », c'est n'accorder aucune préférence à qui que ce soit (« On est admis ici sans acception de naissance ou de fortune »). « Faire **exception** », c'est déroger (à quelque chose).

Évitez de dire : Cette grande école reste **atteignable**.
Dites plutôt : Cette grande école reste **accessible**.
Accessible = auquel on peut avoir accès (notion d'endroit délimité). **Atteignable** = qui peut être rejoint, tel un point élevé ou lointain (« Les extincteurs sont accessibles », « Ce chiffre d'affaires est atteignable »).

Évitez de dire : Sauf **incident** cardiaque, l'opéré s'en sortira.
Dites plutôt : Sauf **accident** cardiaque, l'opéré s'en sortira.
Incident = événement imprévu, d'une importance relative, qui vient suspendre un déroulement normal (« En plus de son accident, un incident diplomatique survint »).

Évitez de dire : Ces boutiques sont bien **achalandées**.
Dites plutôt : Ces boutiques sont bien **approvisionnées**.

Mieux vaudrait n'employer **achalander** que dans son sens originel : « pourvoir de clients », puisque **chaland** désigne encore un acheteur, un client. Mais ce verbe a dérivé vers le sens de « pourvoir en marchandises », ce qui fait dire, trop facilement, qu'un magasin offrant de nombreux articles est « bien achalandé ».

Évitez de dire : Un **acompte** en garantie du contrat...
Dites plutôt : Des **arrhes** en garantie du contrat...
Arrhes (nom féminin pluriel) = garantie financière, en principe non remboursable, fournie au moment de la signature préalable à la réalisation d'une opération contractuelle. **Acompte** = paiement partiel à valoir (un à-valoir) sur une somme due (« Solliciter un acompte sur son salaire... »).

Évitez de dire : L'**adhésion** des statues à leur socle...
Dites plutôt : L'**adhérence** des statues à leur socle...
Adhérence = état d'un élément tenant à un autre (en chirurgie, on parle d'**adhérences** pour des accolements anormaux entre tissus). **Adhésion** = action de souscrire à une idée (« Ce consentement vaut adhésion »).

Évitez de dire : Pour l'artiste, des regards **admirateurs**...
Dites plutôt : Pour l'artiste, des regards **admiratifs**...

Puisque l'adjectif **admiratif(ive)** existe, pourquoi employer le substantif **admirateur(trice)** à sa place ?

Évitez de dire : Sa trahison lui a valu des **adversaires** mortels.
Dites plutôt : Sa trahison lui a valu des **ennemis** mortels.
Les **adversaires** qui s'opposent dans un litige, un conflit, une compétition ne sont pas forcément motivés, comme le sont des **ennemis**, par le ressentiment et la haine (« À la buvette de l'Assemblée, que d'adversaires ! »).

Évitez de dire : Cet **aéroport** même pas balisé la nuit...
Dites plutôt : Cet **aérodrome** même pas balisé la nuit...
Aéroport = ensemble composé d'un **aérodrome** (piste et installations permettant le trafic des avions au sol) et d'une **aérogare** (bâtiments conçus pour les passagers et le fret). Nombreux sont les aérodromes sans aérogare.

Évitez de dire : Cet antibiotique viendra à bout de l'**affection**.
Dites plutôt : Cet antibiotique viendra à bout de l'**infection**.

Les sens médicaux de ces mots sont à bien différencier. **Affection** = n'importe quelle maladie. **Infection** = invasion dans l'organisme de germes pathogènes.

Évitez de dire : Une victime de langues bien **effilées**...
Dites plutôt : Une victime de langues bien **affilées**...
Même radical : « fil ». Mais **affilé** = aiguisé, affûté ; **effilé** = mince, allongé. Un grand bavard plutôt médisant a la langue « affilée », alors que le clocher du village a sa pointe « effilée ».

Évitez de dire : L'eau **effleure** déjà les seuils.
Dites plutôt : L'eau **affleure** déjà les seuils.
Affleurer (« à fleur de »), c'est arriver au niveau de quelque chose ; **effleurer**, c'est toucher légèrement, frôler (« Tout juste si nous nous sommes effleurés... »).

Évitez de dire : C'est un **affluent** du glacier.
Dites plutôt : C'est un **effluent** du glacier.
Un **affluent** (préfixe latin *a-*, « vers ») est un cours d'eau qui se jette dans un autre ; un **effluent** (*ex-*, « hors de »), un cours d'eau qui est issu d'un glacier ou d'un lac.

Évitez de dire : Ses **agacements** peu discrets l'irritèrent.
Dites plutôt : Ses **agaceries** peu discrètes l'irritèrent.
Agacement = irritation, énervement. **Agacerie** = minauderie, avance plutôt agréable. Évidemment, des agaceries trop voyantes peuvent causer de l'agacement.

Évitez de dire : **Agnostique**, vous niez l'existence de Dieu.
Dites plutôt : **Athée**, vous niez l'existence de Dieu.
On lit dans ces mots leur différence de sens. **Athée** (du grec *a*, « sans », et *theos*, « dieu ») = celui qui refuse l'idée même de divinité. **Agnostique** (de *gnôsis*, « connaissance ») = celui qui professe que, en dehors de la méthode expérimentale, rien n'est connaissable (« Il y a plus d'agnostiques que d'athées », *Petit Robert*).

Évitez de dire : Des députés se sont **agonisés** de noms d'oiseaux.
Dites plutôt : Des députés se sont **agonis** de noms d'oiseaux.
Agonir, verbe du 2e groupe à conjuguer comme « finir » (« Il agonissait... En agonissant... » – bien prononcer les deux *s*) = accabler d'injures. **Agoniser**,

verbe du 1er groupe (« Il agonisait... En agonisant... ») = être à l'agonie.

Évitez de dire : Toute la lignée de nos **aïeuls**...
Dites plutôt : Toute la lignée de nos **aïeux**...
Aïeuls (**aïeul** et **aïeule**) = les grands-parents (paternels et maternels) ; **bisaïeuls** = les arrière-grands-parents ; **trisaïeuls** = les parents de ces derniers. **Aïeux** (sans singulier) = tous les ancêtres (« Gloire immortelle de nos aïeux... »).

Évitez de dire : Des personnes âgées victimes d'**aiglefins**...
Dites plutôt : Des personnes âgées victimes d'**aigrefins**...
Attention à bien prononcer ! **Aiglefin** = poisson de la mer du Nord. **Aigrefin** (du vieux verbe *agriffer*, « saisir, voler ») = escroc.

Évitez de dire : À cela il faut **rajouter** une remarque.
Dites plutôt : À cela il faut **ajouter** une remarque.
À l'instar de **entrer/rentrer**, on dit souvent **rajouter** pour **ajouter** (→ ajout/rajout). **Ajouter** = joindre une chose à une autre, mettre en plus (« Ajouter un couvert au dernier moment »). **Rajouter** n'équivaut qu'à « ajouter de nouveau », sauf dans l'expression

familière **en rajouter**, exagérer (« En rajouter un max... »).

Évitez de dire : Dans cette affaire, il y a eu des **ajustages**.
Dites plutôt : Dans cette affaire, il y a eu des **ajustements**.
Ajustage = mise à des dimensions exactes. Mot plus concret que **ajustement** = adaptation (« L'ajustage précis du piston au cylindre... », mais « L'ajustement du langage à des réalités nouvelles... »).

Évitez de dire : L'**alarme** donnée, on déclencha l'alerte.
Dites plutôt : L'**alerte** donnée, on déclencha l'alarme.
Alerte (de l'italien *all'erta*, « sur la hauteur ») = appel au secours, mise en garde contre un danger (« L'alerte est générale dans la région »). **Alarme** (de l'italien *all'arme*, « aux armes ! ») = dispositif, signal, pour prévenir d'un danger imminent (« Un réseau, un système d'alerte... », mais « Un signal, une sirène d'alarme... »).

Évitez de dire : Le vin, boisson **alcoolisée** tant appréciée...

Dites plutôt : Le vin, boisson **alcoolique** tant appréciée...

Alcoolisé s'est imposé au détriment d'**alcoolique**. Pourtant, les boissons qui comprennent de l'alcool par nature – vin, bière, cidre, etc. – sont bel et bien **alcooliques** (comme un breuvage à base d'aromates est aromatique), alors que du lait, de la tisane, du bouillon auxquels on a ajouté de l'alcool (rhum, vin...) sont seulement **alcoolisés** (des aromates = aromatisés). Glissement de sens dû à une image peu reluisante du mot « alcoolique » (éthylique) ?

Évitez de dire : Une réclamation **à votre intention**...
Dites plutôt : Une réclamation **à votre attention**...

À l'intention de est tout à fait licite quand on destine quelque chose à quelqu'un en cadeau, en hommage (« Faire livrer des fleurs et rédiger un compliment à l'intention d'une dame... »). Mais s'il s'agit de présenter un avis, un commentaire ou une demande, c'est **à l'attention de** qui convient. (On appelle l'attention du destinataire sur la communication en question.)

Évitez de dire : L'**alternative** est là : incapacité ou manque de courage ?
Dites plutôt : Le **dilemme** est là : incapacité ou manque de courage ?

Un **dilemme** (ne pas prononcer « dilemne » comme

« indemne ») est un choix qui s'impose entre deux éventualités présentant chacune des inconvénients, alors qu'une **alternative** offre deux possibilités avec des résultats qui ne sont pas du même ordre.

Évitez de dire : Nous n'avons, face à cela, que **deux alternatives**.

Dites plutôt : Nous n'avons, face à cela, qu'**une alternative**.

Une **alternative**, c'est un choix offert entre deux éventualités, deux solutions, deux partis possibles (« L'alternative est simple : ou vous participez ou vous nous quittez »). « Double alternative » est une dérive condamnable. On admet « Une solution alternative... » comme une solution tenant de l'alternative (du choix).

Évitez de dire : Tous les documents ont été **amenés** pour la réunion.

Dites plutôt : Tous les documents ont été **apportés** pour la réunion.

Mieux vaudrait respecter, au travers de leurs dérivés, les vrais sens de « porter » et de « mener ». **Apporter** = porter avec soi. **Amener** = faire venir avec soi (à l'origine, « en tenant par la main »). Donc, logiquement : « On apporte ses valises et un bouquet de fleurs », mais « On amène sa famille et ses copains ».

Évitez de dire : La nature nous impose ses lois **immorales.**

Dites plutôt : La nature nous impose ses lois **amorales.**

Est **amoral** (préfixe *a-*, « sans ») ce qui, dans sa manifestation, ne se réfère pas à la morale. Est **immoral** ce qui contredit la morale admise, les bonnes mœurs (« Il est des raisonnements qui, plus qu'immoraux, sont amoraux »).

Évitez de dire : Contre les maux de tête, un nouvel **analgésique**...

Dites plutôt : Contre les maux de tête, un nouvel **antalgique**...

La différence entre ces deux mots médicaux tend, dans l'usage, à s'accentuer. **Analgésique** (de *a*, « sans », et *algie*, « douleur ») = substance médicamenteuse (anesthésique local, par exemple) visant à supprimer la sensibilité à une douleur provoquée. **Antalgique** (de *anti*, « contre », et *algie*) = médicament qui combat la douleur ou empêche son apparition (« Le paracétamol comme antalgique banal... »).

Évitez de dire : Tous ces synonymes aux significations **identiques**...

Dites plutôt : Tous ces synonymes aux significations **analogues**...

Une chose **analogue** à une autre lui est comparable. Une chose **identique** (du latin *idem*, « le même ») à une autre lui est en tout point semblable. Plutôt qu'identiques, les sens des synonymes sont analogues. Mais on parlera de « cellules identiques » (clonage) ou d'« un objet remplacé à l'identique ».

Évitez de dire : Qui ne sait ni lire ni écrire est **illettré**.
Dites plutôt : Qui ne sait ni lire ni écrire est **analphabète**.
L'**analphabète** (du grec *analphabêtos*, « qui ne connaît ni A ni B ») ne sait ni lire ni écrire, alors que l'**illettré** (du latin *illitteratus*, « qui n'a pas de lettres ») est – seulement – incapable de bien maîtriser lecture et écriture.

Évitez de dire : Le Premier ministre **anglais**, au 10 Downing Street...
Dites plutôt : Le Premier ministre **britannique**, au 10 Downing Street...
Le Royaume-Uni (entité politique) est composé de la Grande-Bretagne (Angleterre, pays de Galles, Écosse) et de l'Irlande du Nord. On ne qualifiera donc pas d'**anglais** ce qui a trait à l'ensemble. Et mieux vaut ne pas dire à un Écossais qu'il est anglais ! (On dira : « La Royal Navy, marine de guerre britannique... », « L'ex-Empire britannique... », « Le

gouvernement britannique... ». Mais : « Les bonbons anglais... », « Les jardins à l'anglaise... », « Filer à l'anglaise... », et, au football comme au rugby, « l'équipe d'Angleterre », comme celle d'Écosse...)

Évitez de dire : Le numéro se trouve dans le **Bottin**.
Dites plutôt : Le numéro se trouve dans l'**annuaire**.
Bottin est un nom déposé : Sébastien Bottin fut, en France, l'inventeur des annuaires du téléphone, et la société Bottin les a longtemps édités. Les PTT, puis France Télécom, ayant pris la succession, il n'y a plus de raison de parler du « Bottin » ; **annuaire** convient. On continuera cependant de **consulter le Bottin mondain** (répertoriant les personnages importants).

Évitez de dire : Paul McCartney a été **ennobli** par la reine Elizabeth II.
Dites plutôt : Paul McCartney a été **anobli** par la reine Elizabeth II.
Anoblir, c'est conférer un titre de noblesse. **Ennoblir**, c'est aussi rendre noble, mais au sens moral, en apportant à quelqu'un (ou à quelque chose) de la dignité, de la grandeur. Ainsi, « le courage et le dévouement ennoblissent l'homme ».

Évitez de dire : **Antiseptique**, cette salle d'opération ?
Dites plutôt : **Aseptique**, cette salle d'opération ?
Antiseptique (du grec *anti*, « contre », et *sêpsis*, « putréfaction ») = qui empêche les infections en détruisant les microbes (« Le savon de Marseille peut faire office d'antiseptique »). **Aseptique** (de *a*, « sans », et *sêpsis*) = qui est exempt de germes infectieux (« Après désinfection, pansement aseptique... »). → Antisepsie/asepsie.

Évitez de dire : Les suppositoires fondent dans l'**anus**.
Dites plutôt : Les suppositoires fondent dans le **rectum**.
Non, « rectum » n'est pas le nom savant de l'anus. C'est dans le **rectum**, portion terminale du côlon (gros intestin), et par l'**anus** (orifice en anneau) qu'est, par exemple, introduit un endoscope pour examen médical.

Évitez de dire : Écoutons l'**apologie** du défunt.
Dites plutôt : Écoutons le **panégyrique** du défunt.
Cultivons les sens précis. **Apologie** = ensemble de paroles ou d'écrits visant à convaincre de la justesse d'une cause, de la valeur d'une doctrine. **Panégyrique**

= discours ou écrit dont le but est l'éloge, la louange (« Le panégyrique contenait l'apologie de ses idées »).

Évitez de dire : Chaque matin le soleil **apparaît** à l'est.
Dites plutôt : Chaque matin le soleil **paraît** à l'est.
Apparaître convient pour ce qui se montre subitement, de manière inhabituelle, ou pour une nouveauté (« La Vierge est-elle apparue à Lourdes ? », « Le nouveau roman, apparu dans les années 1950... »). Mais lorsqu'il s'agit d'un fait normal et répétitif, on préférera **paraître** (« Elle paraît chaque soir avec une nouvelle robe »).

Évitez de dire : On leur a **appris** l'orthographe, ils l'ont oubliée.
Dites plutôt : On leur a **enseigné** l'orthographe, ils l'ont oubliée.
Apprendre, c'est acquérir – ou faire acquérir – une connaissance, une manière de faire. **Enseigner**, c'est uniquement transmettre un savoir à quelqu'un (élève...), qui, lui, apprend.

Évitez de dire : Il faut **épurer** les comptes.
Dites plutôt : Il faut **apurer** les comptes.
On **épure** quelque chose, pour le rendre **pur**, en retranchant ce qui le corrompt (« On a épuré ce métal

précieux »). Mais on **apure** des comptes, en les arrêtant à une date donnée, en vérifiant leur tenue, pièces comptables à l'appui.

Évitez de dire : Quelles manières **aristocrates** !
Dites plutôt : Quelles manières **aristocratiques** !
Contrairement à « démocrate », nom et adjectif (« Un esprit démocrate »), **aristocrate** n'est pas devenu adjectif. (Voir « démocrate/démocratique ».)

Évitez de dire : En 1945, l'**armistice** avec l'Allemagne a été signé à Reims.
Dites plutôt : En 1945, la **capitulation** de l'Allemagne a été signée à Reims.
Armistice (du latin *arma*, « armes », et *sistere*, « s'arrêter ») = convention conclue entre belligérants pour mettre un terme aux hostilités. En 1945, à Reims, ce ne fut pas un armistice qui fut signé, mais une **capitulation** sans condition des armées allemandes.

Évitez de dire : **Arrêtons** de toujours y penser.
Dites plutôt : **Cessons** de toujours y penser.
Cesser = mettre un terme à une attitude, à une activité réitérée ou constante (« La neige a cessé de tomber »). **Arrêter** = interrompre un mouvement, une progression (« Arrêtons là nos démarches »). « Cesser de fumer » (habitude) serait plus conforme

qu'« arrêter... », mais « arrêter » est plus radical. Pourtant, même une mort brutale fait qu'« on cesse de vivre » : on ne s'arrête pas... Et « **n'avoir point de cesse** que cela arrive » ne peut se remplacer par « n'avoir point d'arrêt que... ».

Évitez de dire : L'**artériosclérose**, ce dépôt de graisse dans les artères...
Dites plutôt : L'**athérosclérose**, ce dépôt de graisse dans les artères...
Artériosclérose (du grec *sklérôsis*, « durcissement ») = durcissement de la paroi des artères, le plus souvent sous l'effet de l'**athérosclérose** (du grec *atheroma*, « loupe graisseuse », et *sklérôsis*) = accumulation de lipides (graisses) dans les vaisseaux (plaques d'athérome).

Évitez de dire : L'**arthrose**, cette inflammation articulaire...
Dites plutôt : L'**arthrite**, cette inflammation articulaire...
Issus du grec *arthron*, « articulation », ces deux mots désignent des affections bien distinctes. **Arthrite** (suffixe *-ite*, d'origine grecque, servant à désigner des maladies inflammatoires) = atteinte inflammatoire d'une ou de plusieurs articulations (polyarthrite) ; **arthrose** (suffixe *-ose*, servant à former des

noms de maladies non inflammatoires) = atteinte dégénérative du cartilage. Le paronyme **artérite** désigne, lui, l'inflammation des artères.

Évitez de dire : Demain, 15 août, fête de l'**Ascension**...
Dites plutôt : Demain, 15 août, fête de l'**Assomption**...
La confusion entre ces deux fêtes catholiques (fériées) s'entend, même sur les ondes. L'**Ascension** (du latin *ascendere*, « monter »), c'est l'élévation du Christ au ciel (quarante jours après Pâques). L'**Assomption** (du latin *adsumere*, « prendre avec soi »), c'est l'enlèvement miraculeux au ciel du corps de la Vierge.

Évitez de dire : Nous sommes face à un **meurtre prémédité**.
Dites plutôt : Nous sommes face à un **assassinat**.
Le mot **meurtre** désigne un homicide « volontaire », mais non prémédité (« Meurtrière sous l'empire de la passion... »). **Assassinat** convient pour l'action de tuer si elle est volontaire et, aussi, préméditée. **Crime** s'applique à toute infraction relevant de la compétence d'une cour d'assises : viol, vol à main armée, atteinte à la sûreté de l'État, meurtre (crime de sang),

etc. Un criminel n'est donc pas forcément un meurtrier.

Évitez de dire : Le truand a été **exécuté** par une bande rivale.
Dites plutôt : Le truand a été **assassiné** par une bande rivale.
Exécuter = appliquer une condamnation à mort prononcée par une cour de justice. La disparition de la peine capitale et le côté « acte punitif décidé et infligé par un groupe quelconque » expliquent sans doute le glissement de sens dans les médias. À Ajaccio, le préfet Érignac n'a pas été « froidement exécuté », mais lâchement assassiné !

Évitez de dire : Iouri Gagarine, l'**astronaute**...
Dites plutôt : Iouri Gagarine, le **cosmonaute**...
La distinction disparaît quand les vols spatiaux se déroulent « en cohabitation » (on dit alors « les astronautes »), mais il est toujours recommandé de réserver **astronautes** aux Américains, **cosmonautes** aux Russes et **spationautes**... aux Français.

Évitez de dire : Par **hérédité**, ils retournent à la vie nomade.
Dites plutôt : Par **atavisme**, ils retournent à la vie nomade.

Hérédité = transmission des caractères d'un être vivant à ses descendants. **Atavisme** (du latin *atavi*, « ancêtres ») = réapparition d'un caractère primitif après un nombre indéterminé de générations.

Évitez de dire : Soyez **attentionnés** à ce qui va suivre.
Dites plutôt : Soyez **attentifs** à ce qui va suivre.
Attentionné = prévenant, plein d'attentions (« Elle est attentionnée à notre égard »). **Attentif** = qui porte attention à quelque chose (« Les parents sont attentifs aux premiers pas de leur bébé »).

Évitez de dire : **Attirante**, cette perspective !
Dites plutôt : **Attrayante**, cette perspective !
Attrayant = qui présente de l'attrait, en offrant de la beauté, du charme, du plaisir (« Une maison, une idée, une mission attrayantes... »). **Attirant** = qui exerce une force « faisant venir à soi » (« Le vide peut être attirant », « Une jolie femme aussi attirante que discrète... »). **Attractif** = qui attire par nature (« L'effet attractif de l'aimant sur le fer, de la Terre sur ses planètes... »).

Évitez de dire : **Au** nord de la France, Lille, métropole régionale...
Dites plutôt : **Dans le** nord de la France, Lille, métropole régionale...

Changeons de préposition, changeons de sens ! **Au** nord de la France, il y a la Belgique, le Luxembourg etc. Mais pas Lille, qui, elle, se trouve **dans le** nord de la France. Comme Londres est dans le sud de la Grande-Bretagne, et non au sud...

Évitez de dire : Un blessé **ausculté** de la tête aux pieds...
Dites plutôt : Un blessé **examiné** de la tête aux pieds...
Un médecin **ausculte** (du latin *auscultare*, « écouter ») quand il s'attache à percevoir les bruits produits par le cœur, les poumons, des artères, etc. Il **examine** vraiment quand il ajoute à cela d'autres approches : palpation, recherche de réflexes, observation des yeux, de la peau, etc.

Évitez de dire : Quels **avatars** lors de cette escapade !
Dites plutôt : Quelles **péripéties** lors de cette escapade !
Du sanskrit *avatâra*, **avatar** désigne, à l'origine, chacune des formes incarnées de Vishnou ; par extension, chacun des changements dans l'être d'une personne ou d'une chose (« Tous les avatars de notre vie intellectuelle... »). Aussi est-ce un abus de langage que de prendre ce mot au sens de **péripétie** (= mésaventure, avarie, incident de parcours).

Évitez de dire : La vie **aventurière** de cette héroïne étonne.

Dites plutôt : La vie **aventureuse** de cette héroïne étonne.

C'est à propos d'une femme jugée intrigante que l'on dirait : « Sa vie est celle d'une aventurière », **aventurier** n'étant plus aujourd'hui adjectif. Une héroïne, elle, mène « une vie **aventureuse** » (pleine de risques).

Évitez de dire : Épuisés, ils ont **bafouillé** quelques mots.

Dites plutôt : Épuisés, ils ont **bredouillé** quelques mots.

Bafouiller = parler de manière embarrassée, par manque de clarté dans les idées ou sous l'effet de l'émotion. **Bredouiller** = parler sans rythme, sans articuler, donc en prononçant mal. On pourrait bafouiller sans pour autant bredouiller, et vice versa.

Évitez de dire : Allons voir jouer les **paladins**.

Dites plutôt : Allons voir jouer les **baladins**.

Dans **paladin**, il y a « palais ». Le mot, qui vient des chansons de geste, désigne un seigneur de la cour de Charlemagne. Autre sens : chevalier errant. Le **baladin** (mot provençal) est aussi bien un bouffon ou un farceur qu'un comédien ambulant.

Évitez de dire : Ce sont des événements **banaux**.
Dites plutôt : Ce sont des événements **banals**.
Au sens de « commun, sans particularité », **banal** fait son pluriel en **-als**. C'est seulement pour qualifier ce qui appartient au **ban** (jadis, territoire d'un suzerain, puis d'une commune) qu'on emploie **banaux** (« Des fours, des moulins banaux... »).

Évitez de dire : Une action **basée** sur la solidarité...
Dites plutôt : Une action **fondée** sur la solidarité...
Bien sûr, un porte-avions peut être basé à Toulon, et tous les jours chacun base ses opinions sur des informations. Mais n'oublions pas **fonder**, verbe bien vivant, qui évoque, par exemple, l'enracinement de manières d'être dans des valeurs fondamentales.

Évitez de dire : C'est une médaille **bénie**.
Dites plutôt : C'est une médaille **bénite**.
Bénir a deux participes, et c'est une affaire de sens : 1. **béni(e)** = sur qui a été appelée la protection divine (« Soyez tous bénis... »). 2. **bénit(e)** = qui a reçu la bénédiction rituelle d'un prêtre (« Pain bénit et eau bénite... »).

Évitez de dire : La rotation d'une cuve de **bétonneuse**...

Dites plutôt : La rotation d'une cuve de **bétonnière**...
Bétonnière est préférable à **bétonneuse**, mot critiqué par les linguistes. C'est que le suffixe *-ière* indique un contenant dans lequel est produit ce qu'on y prendra pour utilisation : dans une cafetière, du café, et dans une bétonnière, du béton... Le suffixe *-euse*, lui, indique un contenant d'où est projeté un élément : d'une mitrailleuse, la mitraille ; d'une sulfateuse, le sulfate de cuivre...

Évitez de dire : Les **bibliographies** se vendent souvent bien.
Dites plutôt : Les **biographies** se vendent souvent bien.
Biographie (du grec *bio*, « vie », et *graphein*, « écrire ») = livre racontant l'histoire d'une vie (« Les nombreuses biographies de Napoléon... »). **Bibliographie** (du grec *biblion*, « livre ») = liste des livres, articles, mémoires parus sur un sujet donné (outil de travail pour tout chercheur).

Évitez de dire : Le joueur de billard ajustant la **boule**...
Dites plutôt : Le joueur de billard ajustant la **bille**...
Ne dites jamais à un mordu de billard qu'il « pousse la boule ». Il vous regarderait d'un sale œil.

Évitez de dire : Encore un **blanchissage** d'argent sale !
Dites plutôt : Encore un **blanchiment** d'argent sale !
S'il s'agit de « laver plus blanc » du linge ou de raffiner du sucre, **blanchissage** convient. Mais s'il est question de recycler dans le circuit bancaire de l'argent issu d'opérations financières illégales – ou bien de rendre un mur blanc –, **blanchiment** s'impose.

Évitez de dire : À la découverte des temples **bouddhistes**...
Dites plutôt : À la découverte des temples **bouddhiques**...
Ce qui a trait au bouddhisme en tant que pratique ou expression doctrinale d'une philosophie et d'une religion est **bouddhiste** (« Un moine bouddhiste... », « Des prises de position bouddhistes... »). Ce qui tient à l'art, aux bâtiments, aux objets cultuels du bouddhisme est **bouddhique**.

Évitez de dire : Nous étions **bourrés** de remords.
Dites plutôt : Nous étions **bourrelés** de remords.
Bourreler (de « bourreau ») = tourmenter, faire souffrir moralement. **Bourrer** = à l'origine, « emplir de bourre » ; d'où « emplir complètement » (« Elle se bourre de chocolat »).

Évitez de dire : Avez-vous alors repris un **bout** de viande ?
Dites plutôt : Avez-vous alors repris un **morceau** de viande ?
Bout = extrémité (« Les deux bouts d'un cordage... », « Le bout de la table... »). **Morceau** = partie d'un tout (« Un morceau [une part] de gâteau... », « Un morceau de tissu... »). « Brûler la chandelle par les deux bouts », et non « Brûler... par les deux morceaux ». On fait aussi « un bout de chemin ».

Évitez de dire : Combien de **cachets** ?
Dites plutôt : Combien de **comprimés** ?
Les **cachets** (enveloppes de pain azyme contenant un médicament en poudre) n'existent tout simplement plus en pharmacie ! On parle désormais de **comprimés** (dont certains effervescents). Les poudres médicamenteuses sont contenues dans des sachets, des gélules, des capsules...

Évitez de dire : La rigidité **cadavéreuse** qui suit la mort...
Dites plutôt : La rigidité **cadavérique** qui suit la mort...
Est **cadavérique** ce qui, comme la rigidité, concerne en propre un cadavre. Est **cadavéreux** ce qui, chez

un vivant, peut faire penser à un cadavre : la pâleur, l'immobilité, une respiration à peine audible...

Évitez de dire : Les pistes sont **cahotantes**.
Dites plutôt : Les pistes sont **cahoteuses**.
Trois adjectifs à ne pas confondre ! **Cahoteux** = qui provoque des cahots, fait cahoter. **Cahotant** = qui cahote, qui bringuebale (« La guimbarde était cahotante »). **Chaotique** (de **chaos**, du grec *khaos*, « désordre, confusion ») = qui est confus (Un pays à l'économie chaotique...).

Évitez de dire : En révélant ses fautes, on le **calomnie**.
Dites plutôt : En révélant ses fautes, on **médit** de lui.
On **médit** de quelqu'un en racontant ce qu'on sait (ou croit savoir) de lui en mal. On le **calomnie** si, pour lui nuire, on lui attribue des méfaits qu'il n'a pas commis. Ça fait une différence !

Évitez de dire : Qui est **susceptible** de relever le défi ?
Dites plutôt : Qui est **capable** de relever le défi ?
Capable = qui a la possibilité de réaliser quelque chose (« Un esprit capable d'abstraction... », « Une digue capable de retenir les eaux... »). **Susceptible** = qui peut éventuellement réaliser quelque chose, recevoir une qualité ou subir un inconvénient (« Un

grand écrivain susceptible de devenir journaliste... », « Un terrain susceptible d'être constructible... », « Tous susceptibles d'échouer... »).

Évitez de dire : Il est **crucial** de bien enseigner l'anglais.
Dites plutôt : Il est **capital** de bien enseigner l'anglais.
N'employons pas **crucial** (à l'origine, « qui est en forme de croix ») chaque fois que l'on veut dire « très important », « fondamental ». On réservera cet adjectif à des situations qui débouchent sur des choix décisifs, parfois douloureux (« L'Occupation fut une période cruciale de notre histoire »).

Évitez de dire : Le peintre a **capturé** la magie du lieu.
Dites plutôt : Le peintre a **capté** la magie du lieu.
Capturer = s'emparer par la force d'un être vivant, voire d'une chose mobile (« Capturer un gangster, un chien enragé, une colonne de chars... »). **Capter** = chercher à obtenir quelque chose à force d'attention, de ténacité, voire de ruse. On capte aussi une émission de radio sur telle longueur d'onde.

Évitez de dire : Le côté **carnassier** de l'homme, rejeté par les végétariens...

Dites plutôt : Le côté **carnivore** de l'homme, rejeté par les végétariens...
Si les hommes, comme nombre de mammifères, sont omnivores, et donc, entre autres, **carnivores**, seules les bêtes qui obtiennent la viande crue dont elles se nourrissent en égorgeant leur proie sont **carnassières**. Par ironie, on qualifie de « carnassier » quelqu'un qui a un goût exagéré pour la viande.

Évitez de dire : Le **cénotaphe** prêt pour accueillir le cercueil...
Dites plutôt : Le **catafalque** prêt pour accueillir le cercueil...
Un cercueil peut être posé, lors d'une cérémonie funéraire, sur un **catafalque**, estrade décorée. Mais jamais déposé dans un **cénotaphe** (du grec *kenos*, « vide », et *taphos*, « tombeau »), monument vide élevé en l'honneur d'un défunt.

Évitez de dire : On a bien **commémoré** cet anniversaire.
Dites plutôt : On a bien **célébré** cet anniversaire.
Commémorer = se remettre en mémoire, ensemble, un événement dont, précisément, on **célèbre** (on fête) l'anniversaire. En 2002, on a commémoré la naissance de Victor Hugo, et l'on en a célébré le deux centième anniversaire.

Évitez de dire : L'aire **cervicale** de la parole...
Dites plutôt : L'aire **cérébrale** de la parole...
Cérébral (du latin *cerebrum*, « cerveau ») = qui se rapporte au cerveau (« Les lobes cérébraux... », « Le surmenage cérébral... »). **Cervical** (du latin *cervix*, « cou ») = relatif au col, au cou (« Les vertèbres cervicales et l'arthrose cervicale... », « Un frottis cervical [sur le col de l'utérus]... »).

Évitez de dire : Des pratiques **cérémoniales** parlantes...
Dites plutôt : Des pratiques **cérémonielles** parlantes...
Ni **cérémoniales** (de **cérémonial**, nom masculin = ensemble des règles fixées pour les cérémonies) ni **cérémonieuses** (« cérémonieux » = affecté, qui se livre à trop de politesses), ces pratiques ne peuvent donc être que **cérémonielles** = relatives aux cérémonies.

Évitez de dire : **Cernons** d'abord la multitude des questions.
Dites plutôt : **Sérions** d'abord la multitude des questions.
Cerner (du latin *circinare*, « faire un cercle »), c'est définir tous les aspects d'un problème, d'une diffi-

culté, avant de s'y attaquer. **Sérier** (de « série »), c'est classer, ordonner, distinguer à partir d'un tout.

Évitez de dire : J'ai des **risques** de réussir.
Dites plutôt : J'ai des **chances** de réussir.
À moins de donner dans l'ironie, pour une réussite éventuelle mieux vaut éviter **risquer/risque**, au profit de **chance**. En revanche, on dira : « Le risque, pour ces entreprises, de fermer... ».

Évitez de dire : La Fronde, à Paris, fit **chantonner**.
Dites plutôt : La Fronde, à Paris, fit **chansonner**.
Alors que **chantonner**, c'est chanter à voix basse, **chansonner**, c'est se moquer des pouvoirs par des chansons satiriques (écrites par des chansonniers).

Évitez de dire : Écrivons les sommes en **nombres**.
Dites plutôt : Écrivons les sommes en **chiffres**.
Chiffre = chacun des caractères – de 0 à 9 – qui servent à la représentation des **nombres** (« Un nombre à six chiffres... »). Mais on peut dire : « Ils furent au nombre de 77, puis seulement de 8 ». **Chiffre** et **nombre** sont d'ailleurs employés avec nuance pour les statistiques, les quantités, les valeurs (« Le nombre d'étudiants, en rapport avec le nombre d'habitants... », mais « Le chiffre des ventes... celui du chômage... », « Des chiffres records... »).

Évitez de dire : Les **cieux** tourmentés de ce peintre...
Dites plutôt : Les **ciels** tourmentés de ce peintre...
Les peintres figuratifs ne peuvent que rendre des **ciels**, car les **cieux** sont hors de leur portée, ce terme désignant l'immensité de l'espace (« L'infini des cieux... »), ou un point éloigné (« Sous d'autres cieux... »), ou encore un concept religieux chrétien (« Le royaume des cieux... »), etc.

Évitez de dire : Un discours plein de **circonvolutions**...
Dites plutôt : Un discours plein de **circonlocutions**...
Circonvolution = enroulement autour d'un axe central (« Les circonvolutions du cerveau... »). **Circonlocution** = périphrase pour s'exprimer de manière indirecte, par des détours.

Évitez de dire : L'incendie a vite été **maté**, puis **circonscrit**.
Dites plutôt : L'incendie a vite été **circonscrit**, puis **maté**.
Cet exemple, emprunté à André Gide, est dédié aux pompiers qui s'étonnent toujours d'entendre sur les ondes « L'incendie a été circonscrit » au sens de « éteint, terminé ». Non, un feu **circonscrit** (préfixe *circum*, « autour »), c'est-à-dire entouré de moyens

d'extinction qui en sont maîtres, ne peut plus s'étendre, c'est tout.

Évitez de dire : Sans droits **civiques**, il ne peut vendre son bien.
Dites plutôt : Sans droits **civils**, il ne peut vendre son bien.
Civil = qui concerne les personnes privées, leurs rapports sociaux (« Les parties civiles d'un procès, les droits civils [vendre, acheter, louer], les vertus civiles [en société]... »). **Civique** = qui se rapporte aux citoyens en tant que détenteurs de droits politiques (« Les droits civiques [droit de vote], les libertés civiques [d'association], le sens civique, l'instruction civique... »).

Évitez de dire : Il goûta le vin avec un **claquement** de langue.
Dites plutôt : Il goûta le vin avec un **clappement** de langue.
Claquement = bruit sonore (« Un claquement de doigts, de porte... »). **Clappement** = bruit sec de la langue qui se détache soudain du palais.

Évitez de dire : Les spots lui font **cligner** les yeux.
Dites plutôt : Les spots lui font **clignoter** les yeux.
Cligner = rapprocher les paupières pour mieux voir

ou pour se protéger les yeux du soleil, du vent, de la poussière... **Clignoter** = s'ouvrir et se fermer de façon précipitée sous l'effet d'une émission soudaine de vive lumière. (Cligner de l'œil = signe de connivence.)

Évitez de dire : On a **clôturé** cette entrée.
Dites plutôt : On a **clos** cette entrée.
Clôturer s'est imposé au détriment de **clore**, d'abord parce que ce dernier verbe est défectif (On ne dit pas : « Nous closons », mais « Nous clôturons »). Et puis, on a oublié que **clore** signifie plutôt « fermer, boucher », ou « mettre un terme », et **clôturer**, « entourer d'une clôture ». Aujourd'hui, on clôture tout : un terrain comme des débats, un inventaire comme un passage, alors qu'on peut toujours clore les yeux et trouver porte close, mais qu'on doit clôturer une piscine.

Évitez de dire : Quelle belle porte médiévale, **clouée** !
Dites plutôt : Quelle belle porte médiévale, **cloutée** !
Clouer = fixer au moyen de clous. **Clouter** = garnir de clous (souvent enjolivés).

Évitez de dire : La **cohérence** du groupe a payé.
Dites plutôt : La **cohésion** du groupe a payé.
La **cohésion** (= union, solidarité) d'un groupe dépend

largement de la **cohérence** (= harmonie) des idées et des comportements de chacune des personnes qui le composent.

Évitez de dire : Tous les témoignages **coïncident**.
Dites plutôt : Tous les témoignages **concordent**.
Dans **coïncidence**, on lit « incidence commune » (d'où « superposition exacte ») ; dans **concordance**, « accord ». C'est là toute la différence. En tout cas, la concordance des temps n'est jamais une coïncidence.

Évitez de dire : Êtes-vous d'humeur **coléreuse** ?
Dites plutôt : Êtes-vous d'humeur **colérique** ?
En fait, **colérique** est une forme vieillie. Mais certains voient toujours une différence entre **coléreux** (prompt à la colère) et **colérique** (sujet à la colère). Ce dernier mot, au XVIIIe siècle, était synonyme de « bilieux ».

Évitez de dire : Son médecin l'a adressé à un **collègue**.
Dites plutôt : Son médecin l'a adressé à un **confrère**.
Collègues = personnes d'une même entreprise, d'une même administration, d'une même assemblée d'élus...
Confrères = membres de professions libérales (médecins, avocats, experts-comptables, etc.), de sociétés

savantes ou de confréries. Un député, un juge ont des collègues ; un académicien a des confrères.

Évitez de dire : Il y a eu **collision** entre eux à nos dépens.
Dites plutôt : Il y a eu **collusion** entre eux à nos dépens.
Bien sûr, ce n'est pas un choc brutal (**collision**) qu'il y a eu « entre eux », mais bien une entente secrète, un arrangement « à nos dépens » (**collusion** du latin *cum*, « avec », et *ludere*, « jouer »).

Évitez de dire : Ces films désormais **colorés**...
Dites plutôt : Ces films désormais **colorisés**...
Colorer = donner de la couleur, rendre plus beau (« Elles se colorent les lèvres », « L'horizon coloré par le soleil couchant... »). **Colorier** = appliquer des couleurs sur un dessin, un objet (« Les coloriages de la maternelle... »). **Coloriser** = mettre en couleurs les films en noir et blanc (procédé électronique).

Évitez de dire : L'évolution des espèces s'est **compliquée**.
Dites plutôt : L'évolution des espèces s'est **complexifiée**.
Quelque chose, un psychisme même, peut se **complexifier** (se construire avec des éléments diffé-

rents, hétérogènes), sans pour autant que soit en cause une quelconque volonté de **compliquer** (rendre embrouillé, difficile à comprendre).

Évitez de dire : Il faut, hélas, **compresser** les dépenses.
Dites plutôt : Il faut, hélas, **comprimer** les dépenses.
Comprimer est préférable pour indiquer une diminution de volume ; **compresser**, pour parler d'un tassement, d'un resserrement dans un espace restreint. À noter : on comprime une artère grâce à un point de compression.

Évitez de dire : Une dépense **comptée** dans le relevé...
Dites plutôt : Une dépense **comptabilisée** dans le relevé...
On ne fait que **compter** les éléments d'un dénombrement, alors que tout ce qui figure dans une pièce de comptabilité est **comptabilisé**. Mais on dira : « Le café n'a pas été compté dans l'addition ».

Évitez de dire : La forme encore **concave** de l'écran d'ordinateur...
Dites plutôt : La forme encore **convexe** de l'écran d'ordinateur...
Une surface rebondie, arrondie vers l'extérieur, est

convexe (du latin *convexus*, « arrondi ») ; une surface en creux, **concave** (de *concavus*, « creux »).

Évitez de dire : **Concentrons** nos explications !
Dites plutôt : **Condensons** nos explications !
Concentrer = rassembler en un lieu (« La concentration des pouvoirs à Paris... »). **Condenser** = diminuer, rendre plus dense (« Un condensé de livre... »).

Évitez de dire : Émettant encore le même avis, il **infirme** ses dires.
Dites plutôt : Émettant encore le même avis, il **confirme** ses dires.
Confirmer (du latin *confirmare*, « consolider ») = rendre plus ferme, plus assuré, renouveler (un jugement, une décision, une déclaration...). Le contraire, c'est **infirmer** (de *infirmare*, « affaiblir, annuler ») = revenir sur ce qu'on a voulu, sur des propos, sur un engagement...

Évitez de dire : Chacun se perd en **conjonctures**.
Dites plutôt : Chacun se perd en **conjectures**.
Attention à la prononciation ! **Conjoncture** (de « conjoint ») = situation qui résulte d'un ensemble de circonstances (« La conjoncture économique... »). **Conjecture** = hypothèse à partir de probabilités (« Une théorie fondée sur des conjectures... »).

Évitez de dire : Pour ne rien faire, il ne manque pas de **conseillers**.
Dites plutôt : Pour ne rien faire, il ne manque pas de **conseilleurs**.
Conseilleur(euse) = terme péjoratif désignant quelqu'un qui aime à donner beaucoup de conseils (« Les conseilleurs ne sont pas les payeurs »). **Conseiller(ère)** = personne qui, ès qualités, conseille dans un ou plusieurs domaines (« Les nombreux conseillers du président... »).

Évitez de dire : C'est un bénéfice plutôt **conséquent**.
Dites plutôt : C'est un bénéfice plutôt **important**.
Conséquent (du latin *cum*, « avec », et *sequi*, « suivre ») = conforme à une logique, à des principes (« Conséquent avec soi-même... », « Une pensée conséquente... »). Le glissement vers le sens d'« important » semble dû à l'expression d'autrefois « Une situation de conséquence [d'importance] ». Un homme important et un homme conséquent, ça peut donc faire deux.

Évitez de dire : Vaccin à **garder** au frais.
Dites plutôt : Vaccin à **conserver** au frais.
Dans l'usage, **garder** tend à évincer **conserver**. Pourtant, **conserver** = action de maintenir en l'état ; **garder** = prendre garde, surveiller. Le musée du Louvre

assure à la fois la conservation et la garde de *La Joconde*... Si elle était dérobée, ce ne serait sûrement pas sa conservation qui serait en cause.

Évitez de dire : Ses forces se **consomment** à vue d'œil.
Dites plutôt : Ses forces se **consument** à vue d'œil.
Consommer = utiliser des aliments, de l'énergie pour subsister, s'épanouir (« La consommation des ménages, indice révélateur... ») ; achever (« Tout a été consommé »). **Consumer** = épuiser, brûler, venir à bout de... (« Ses ennuis le consument »). L'anglicisme **consumérisme**, de la famille de « consommation », n'a rien à voir avec « consumer ».

Évitez de dire : Les anglicismes s'imposent, c'est un **constat**.
Dites plutôt : Les anglicismes s'imposent, c'est une **constatation**.
Il faut contenir **constat** dans les limites des langages juridique et de l'assurance (« Un constat établi à la suite des constatations d'usage... »). Mais on dira bien : « Un constat d'échec... ».

Évitez de dire : Un boniment débité à jet **continuel**...
Dites plutôt : Un boniment débité à jet **continu**...
Une différence plutôt ténue, mais qu'il est bon de

marquer. **Continuel** = qui se répète à intervalles... **Continu** = qui n'est pas interrompu, dans le temps ou l'espace. On parlera de « pannes continuelles », de « vérifications continuelles »..., mais de « journée continue », de « contrôle continu », de « formation continue », de « lignes continues ou discontinues »...

Évitez de dire : Un chemin comme **continuité** de la route...
Dites plutôt : Un chemin comme **continuation** de la route...
Continuité = non-interruption, sur une distance ou une durée donnée, d'une route, d'une œuvre, d'une action, etc. **Continuation** = prolongement (ou prolongation) de ce qui est déjà en œuvre.

Évitez de dire : Ce franc-maçon sortait d'un **couvent**.
Dites plutôt : Ce franc-maçon sortait d'un **convent**.
Certes d'origine commune (du latin *conventus*, « réunion, assemblée »), le **couvent**, maison religieuse communautaire, n'abrite pas, a priori, de **convent**, assemblée générale de francs-maçons.

Évitez de dire : Socialement, le gouvernement de Vichy était **corporatif**.
Dites plutôt : Socialement, le gouvernement de Vichy était **corporatiste**.

Corporatif = qui a trait aux corporations. **Corporatiste** = qui préconise la création de groupements professionnels du type des corporations (« Les corporatistes s'opposent au syndicalisme classique »).

Méfiez-vous avant de dire : Ah ! ces **coupes sombres** qui ont réduit à rien notre budget !
Mieux : Ah ! ces **coupes claires** qui ont réduit à rien notre budget !
En langage forestier, **coupe claire** = beaucoup d'arbres coupés, donc forêt clairsemée, claire. **Coupe sombre** = peu d'arbres coupés, donc l'ombre est maintenue. Par métaphore, des coupes claires dans un budget, un programme, etc., les réduisent drastiquement, des coupes sombres ne les amputant que de peu. Mais « sombre » porte l'idée de « terrible ». Aussi, par glissement, ces adjectifs sont-ils souvent employés à l'inverse de leur sens d'origine.

Évitez de dire : Cela leur a **valu** les yeux de la tête.
Dites plutôt : Cela leur a **coûté** les yeux de la tête.
On voit bien avec cet exemple que les verbes **coûter** et **valoir** ne doivent pas s'employer sans distinction. Boutade connue : « On sait ce que ça coûte, on ne sait pas ce que ça vaut... »

Évitez de dire : La « pub » recherche des **créateurs**.

Dites plutôt : La « pub » recherche des **créatifs**.
Un **créateur** est quelqu'un qui, dans les arts (majeurs) ou les sciences, invente, est à l'origine d'une nouveauté. La publicité, la mode, le graphisme ont besoin de **créatifs**, qui doivent trouver des idées originales propres à produire des réalisations séduisantes. Nuance !

Évitez de dire : Des étables nettoyées au **grésil**...
Dites plutôt : Des étables nettoyées au **crésyl**...
Imaginons que du **crésyl** (désinfectant agressif) nous tombe dessus comme du **grésil** (pluie congelée)... Quelle « cata » !

Évitez de dire : Ces **crucifiements** peints à la Renaissance...
Dites plutôt : Ces **crucifixions** peintes à la Renaissance...
Si l'on appelle **crucifiement** le supplice infligé au Christ, comme à d'autres condamnés de l'époque, on veillera à toujours employer **crucifixion** pour désigner une représentation – sculptée, gravée, peinte – de cette mise en croix exaltée dans la religion catholique.

Évitez de dire : Combien, en 40, de **cuirassiers** coulés ?

Dites plutôt : Combien, en 40, de **cuirassés** coulés ?
Il n'y a plus guère, depuis les années 1960, de **cuirassés** (navires de guerre) et, depuis fort longtemps, plus du tout de **cuirassiers** (soldats de cavalerie lourde à cuirasse), mais ce n'est pas une raison pour les confondre !

Évitez de dire : À l'église, les habitudes **culturelles** ont changé.
Dites plutôt : À l'église, les habitudes **cultuelles** ont changé.
Dans la presse, la coquille n'est pas rare. Attention, à l'oral, de ne pas mélanger la **culture** et le **culte**. Même si, à un autre degré, les cultes s'insèrent dans des cultures.

Évitez de dire : Ces **vélomoteurs** qu'on appelle des « mob »...
Dites plutôt : Ces **cyclomoteurs** qu'on appelle des « mob »...
Confusion permanente entre **cyclo-** et **vélo-** ! **Cyclomoteur** = véhicule à deux roues avec moteur de 49,9 cm^3, au plus ; vitesse maximale : 45 km/h. **Vélomoteur** = petite motocyclette – eh oui ! – avec moteur entre 49,9 cm^3 et 124,9 cm^3. Comme le terme **Mobylette** (nom déposé) est appliqué, abusivement,

aux « cyclos » de toute marque, tout le monde a eu, a ou aura sa mob...

Évitez de dire : Elle a réglé ses droits par une **donation** au musée.
Dites plutôt : Elle a réglé ses droits par une **dation** au musée.
S'acquitter d'une dette, tels des droits de succession, par une **dation** (don d'objets de valeur équivalente) n'est pas rare (« La dation Picasso... »). La **donation** – entre un **donateur** (qui donne) et un **donataire** (qui reçoit) – n'est que la simple transmission d'un bien, sans contrepartie. Quant au mot **dotation**, il désigne les fonds attribués à un organisme public pour son fonctionnement (« La dotation annuelle de l'hôpital... »).

Évitez de dire : La **décade** 2001-2010...
Dites plutôt : La **décennie** 2001-2010...
Décade = période de dix jours (en Grèce, les mois se divisaient en décades, de *deka*, « dix »). **Décennie** = période de dix années. Est **décennal** (du latin *decem*, « dix », et *annus*, « année ») ce qui dure dix ans.

Évitez de dire : Le **déchiffrement** de la partition...
Dites plutôt : Le **déchiffrage** de la partition...

Si **déchiffrage** est bien le mot adéquat pour la musique ou pour l'apprentissage de la lecture, **déchiffrement** s'impose quand il s'agit de prendre connaissance de textes peu lisibles, codés ou écrits dans une langue inconnue.

Évitez de dire : **Déchiffrer** un message d'extraterrestres ?
Dites plutôt : **Décrypter** un message d'extraterrestres ?
Déchiffrer = traduire en langage clair un message peu lisible, une langue inconnue. **Décoder** = saisir le sens d'un texte écrit en code... Mais **décrypter** (du grec *kruptos*, « caché ») = rendre clair un message dont on n'a pas du tout la clé. Le service du chiffre, dans le Renseignement, décode, déchiffre et décrypte à la fois. Bon courage avec les éventuels extraterrestres !

Évitez de dire : Un **déchirement** musculaire...
Dites plutôt : Une **déchirure** musculaire...
Déchirement = action de déchirer, de séparer en morceaux ; souffrance morale aiguë (« La séparation fut un déchirement... »). **Déchirure** = rupture dans une continuité (pour un tissu organique, une étoffe, un ciel d'orage...). Au figuré : « La déchirure du cœur... ».

Évitez de dire : Menons ce travail **de conserve**.
Dites plutôt : Menons ce travail **de concert**.
De concert = d'un commun accord, en bonne entente. **De conserve** = sur la même route (en parlant de deux navires), et donc aller ensemble. (« Nous nous sommes exprimés de concert, nous repartons de conserve »).

Évitez de dire : Edison et sa **découverte** de la lampe à incandescence...
Dites plutôt : Edison et son **invention** de la lampe à incandescence...
Nos ampoules électriques sont dues à une **invention** (création d'un système ou d'un objet inexistant auparavant). La **découverte** qui l'a permise, c'est celle de l'énergie électrique (naturelle depuis toujours). A contrario, en langage juridique, l'**inventeur** est la personne qui a découvert un trésor ou retrouvé un objet disparu.

Évitez de dire : Cette maison déjà **décrépite**...
Dites plutôt : Cette maison déjà **décrépie**...
Homophones au masculin, ces adjectifs font entendre, au féminin, leurs sens divergents. **Décrépi(e)** = dont l'enduit (**crépi**) a disparu. **Décrépit(e)** = marqué(e) par la **décrépitude** (personne ou chose)

[« Une pauvre vieille terriblement décrépite... comme sa masure au fond des bois »].

Évitez de dire : L'avion a subi un **décrochement**.
Dites plutôt : L'avion a subi un **décrochage**.
Le **décrochage**, c'est l'action de **décrocher**, qu'il s'agisse du repli de combattants, du passage d'un émetteur radio à un autre (« Le décrochage des stations régionales... ») ou de la perte de portance brutale d'un avion. Si l'on veut parler d'une faille géologique, d'une partie en retrait par rapport à une autre ou de l'état de ce qui s'est décroché, c'est **décrochement** qui convient (« Le décrochement d'un immeuble... de la mâchoire... d'un tableau »).

Évitez de dire : Le **décroissement** de la natalité...
Dites plutôt : La **décroissance** de la natalité...
Pour désigner l'amoindrissement régulier de la vitalité, des forces, de tout ce qui touche à la vie, on emploiera plutôt **décroissance**. À des choses qui diminuent progressivement, on réservera **décroissement** (« Le décroissement des jours... du soleil... »). Antonymes : **croissance** et **accroissement** (« La croissance économique... », mais « L'accroissement des impôts... »).

Évitez de dire : Combien de demandes contre le **défenseur** ?
Dites plutôt : Combien de demandes contre le **défendeur** ?
En matière judiciaire, **défenseur** = avocat défendant un accusé ou les intérêts d'une partie ; **défendeur(eresse)** = celui (celle) contre qui est formée une demande (par un demandeur, ou appelant).

Évitez de dire : Des **déprédations** sur des palissades...
Dites plutôt : Des **dégradations** sur des palissades...
Une **dégradation** (de « degré ») n'est qu'une détérioration – parfois involontaire – d'un objet, d'un monument (certains tags sont des dégradations volontaires). Alors qu'une **déprédation** (de « proie ») est un dommage causé à une propriété (vol, dégâts, destruction).

Évitez de dire : Des gouvernants **démagogiques**...
Dites plutôt : Des gouvernants **démagogues**...
Ne peuvent être **démagogues** que les hommes ou les responsables qu'ils choisissent (« Un Parlement démagogue et des mesures démagogiques »).

Évitez de dire : Un rythme de travail **dément**...
Dites plutôt : Un rythme de travail **démentiel**...

Préférons **dément** pour ce qui tient de la **démence**, ce qui y fait penser (« Son comportement dément [comme celui d'un dément] le fait redouter ») ; et **démentiel** pour quelque chose d'exagéré, de mal ressenti. Au fond, dément = malade ; démentiel = fou, au sens de « bizarre, excessif ».

Évitez de dire : Ces gens, ces peuples sont très **démocratiques**.
Dites plutôt : Ces gens, ces peuples sont très **démocrates**.
Les hommes, les peuples peuvent se révéler **démocrates** ; les choses relatives à la **démocratie**, elles, sont **démocratiques** (« À peine démocrate, ce penseur soutient pourtant les théories démocratiques »). Cette différence ne joue pas pour « aristocrate (nom)/aristocratique (adj.) ».

Évitez de dire : Une création **démunie** d'intérêt...
Dites plutôt : Une création **dénuée** d'intérêt...
Être **démuni**, c'est se trouver privé d'un bien ou d'une qualité auparavant possédés, alors qu'être **dénué**, c'est manquer de quelque chose qui n'a pas été acquis (« Largement dénué d'intelligence et totalement démuni d'argent... »).

Évitez de dire : Le travail, comme valeur, a été **démystifié**.

Dites plutôt : Le travail, comme valeur, a été **démythifié**.

On **démythifie** (du grec *muthos*, « fable », d'où « mythe ») une notion, une institution ou un personnage, en lui retirant son caractère de **mythe**. Mais on **démystifie** (du grec *mustês*, « initié ») un comportement, un plan, une politique (souvent entourés de mystère pour tromper les non-initiés).

Évitez de dire : L'éclat de sa **dentition**...

Dites plutôt : L'éclat de sa **denture**...

On n'emploie pas « musculation » pour « musculature », ni « ossification » pour « ossature »... Alors, pourquoi **dentition** (formation, apparition, accroissement des dents) pour **denture** (ensemble des dents) ? Même dans *Du sport à la une*, de W. R. Burnet (Série noire), on trouve la bonne forme : « La jeune femme sourit [...] en exhibant une denture éblouissante et régulière ». « La dentition (pour denture) d'un engrenage », est-ce pour demain ?

Évitez de dire : Une avarie a obligé l'avion à se **détourner**.

Dites plutôt : Une avarie a obligé l'avion à se **dérouter**.

Un avion est **dérouté**, pour aller se poser ailleurs qu'à son point de destination, si son commandant de bord a décidé de changer sa route. Il est **détourné** si des pirates de l'air obligent les pilotes à prendre une autre route.

Évitez de dire : Nos sociétés se **désintègrent**-elles ?
Dites plutôt : Nos sociétés se **désagrègent**-elles ?
Se désagréger = se séparer, s'effriter ; cesser d'être uni, aggloméré (« La roche se désagrège... »). **Se désintégrer** = se transformer en particules élémentaires (« L'atome se désintègre... »).

Évitez de dire : Un quartier **désertique** à cette heure...
Dites plutôt : Un quartier **désert** à cette heure...
Désertique = relatif au désert, à un espace sans végétation parce que privé d'eau (« Un climat désertique... »). **Désert** = espace peu fréquenté, déserté (« Les quais déserts d'une gare la nuit... »).

Évitez de dire : L'appel n'a suscité que **désintéressement**.
Dites plutôt : L'appel n'a suscité que **désintérêt**.
Ces deux mots ne devraient vraiment pas être confondus. **Désintéressement** = fait de ne pas chercher à tirer un profit de toute action, de tout engagement (« Se montrer désintéressé... »). **Désintérêt** = détachement, perte de l'attention pour ce qui devrait la

retenir (« La dépression se manifeste par du désintérêt »).

Évitez de dire : **Dorénavant** unis, ils sont heureux.
Dites plutôt : **Désormais** unis, ils sont heureux.
La nuance est ténue entre ces deux adverbes, mais on préférera **désormais** (de l'ancien français *or*, « maintenant », et *mais*, « plus ») pour une situation d'avenir a priori positive, harmonieuse, rétablie, et **dorénavant** (au XIIe siècle, *d'or en avant*) dans un contexte de menace, de mesures comminatoires (« Désormais, tout ira bien ; mais, dorénavant, observez le règlement »).

Évitez de dire : Il suffit de presser la **gâchette**.
Dites plutôt : Il suffit de presser la **détente**.
On ne peut presser une **gâchette**, mécanisme non apparent d'une arme à feu. C'est sur la **détente** que l'on appuie pour faire partir le coup : elle actionne la gâchette. Attention, quand même, à ne pas dire d'un tireur émérite : « C'est une bonne détente. » Là, **gâchette** s'impose.

Évitez de dire : La **Deuxième** Guerre mondiale...
Dites plutôt : La **Seconde** Guerre mondiale...
Le bon usage commande d'employer **second** à la place de **deuxième** quand on ne peut compter que

deux éléments, ou si l'on pense en rester là. Si, par malheur, une autre guerre mondiale éclatait, la Seconde deviendrait la Deuxième !

Évitez de dire : Un incendie **dévoreur** de forêt.
Dites plutôt : Un incendie **dévorateur** de forêt.
Un même verbe, **dévorer**, mais trois adjectifs pour la nuance. **Dévoreur** = qui s'approprie, consomme, engloutit (« Une dévoreuse de cinéma... », « Le casino, dévoreur d'argent... »). **Dévorateur** = qui attaque, détruit, consume (« Une idéologie dévoratrice... »). Enfin, **dévorant** = qui pousse à dévorer, qui consume de l'intérieur (« Une faim dévorante... », « Une jalousie dévorante... »).

Évitez de dire : Même le professeur a réservé son **diagnostic**.
Dites plutôt : Même le professeur a réservé son **pronostic**.
Pour un médecin, réserver son **pronostic**, c'est refuser de se prononcer sur l'évolution de la maladie et l'avenir du patient. Un **diagnostic** (détermination d'une maladie d'après ses symptômes et les résultats des examens prescrits) ne peut être réservé : on a réussi ou non à le poser.

Évitez de dire : Une légère **dissension** dans nos vues...

Dites plutôt : Un léger **dissentiment** dans nos vues...

Une **dissension** n'a pas comme caractéristique d'être « légère » : c'est une vive opposition de sentiments, d'intérêts, d'idées, allant jusqu'à la dispute. Un **dissentiment**, en revanche, désigne des manières différentes de concevoir quelque chose ou d'en juger, mais sans animosité.

Évitez de dire : L'organisation séditieuse a été **dissolue**.

Dites plutôt : L'organisation séditieuse a été **dissoute**.

Le participe passé du verbe **dissoudre** (« annuler, dissocier ») est **dissous**. **Dissolu** (adjectif emprunté directement au latin *dissolutus*) = ce qui est atteint par le relâchement des mœurs, la corruption, les abus (« Une vie dissolue... »).

Évitez de dire : Parlez-en à votre **docteur**.

Dites plutôt : Parlez-en à votre **médecin**.

C'est encore souvent par le mot **docteur** (du latin *doctor*, « celui qui enseigne ») qu'on désigne un médecin. Ce n'est, bien sûr, pas une faute... Mais ce titre universitaire employé comme nom de profession finit par dater ! On ira donc consulter son **médecin**, et on lui dira : « Bonjour, docteur » (comme au vétérinaire ou au chirurgien-dentiste...).

Évitez de dire : Le mâle **dominateur** du troupeau...
Dites plutôt : Le mâle **dominant** du troupeau...
Pour saisir la nuance entre **dominant** (adj.) et **dominateur** (nom et adj.), il suffit de considérer leurs antonymes respectifs dans *Le Petit Robert*. Pour **dominant** : « Inférieur ; accessoire, dépendant, secondaire ». Pour **dominateur** : « Esclave, serviteur ; opprimé, soumis ». On voit que, chez les hommes, il vaut sans doute mieux avoir affaire à un esprit dominant qu'à un esprit dominateur.

Évitez de dire : **Drastiques**, les dernières lois...
Dites plutôt : **Draconiennes**, les dernières lois...
Mieux vaut réserver **draconien** (de Dracon, rigoureux législateur d'Athènes) à ce qui présente un caractère d'extrême sévérité, et **drastique** (du grec *drastikos*, « qui agit ») à ce qui exerce une action radicale (« Des réductions de budget drastiques... », « Un purgatif drastique... »).

Évitez de dire : L'accouchement a eu lieu **durant** la nuit.
Dites plutôt : L'accouchement a eu lieu **pendant** la nuit.

On emploie **pendant** pour un événement qui se produit à un moment de la période indiquée, et **durant** pour une action ou un état qui dure autant que cette période (« Durant cette nuit-là, c'était elle la sage-femme de garde... »).

Évitez de dire : Dégageons l'**éboulement**.
Dites plutôt : Dégageons l'**éboulis**.
Pas question de dégager un **éboulement** : c'est la chute de ce qui s'éboule ; on s'attaquera donc à l'**éboulis**, amas de matériaux éboulés.

Évitez de dire : L'**éclairage** des plantes, ici, est maximal...
Dites plutôt : L'**éclairement** des plantes, ici, est maximal...
Éclairage = action d'éclairer, manière de s'y prendre pour y parvenir (« Les éclairages indirects sont reposants »). Au sens figuré : « Sa lettre donne un tout autre éclairage à l'affaire ». **Éclairement** = quantité et intensité de lumière reçue.

Évitez de dire : Ce shampooing **éclaire** les cheveux.
Dites plutôt : Ce shampooing **éclaircit** les cheveux.
Un tel shampooing ne répand pas de lumière (**éclairer**), mais rend plus clairs (**éclaircir**) les cheveux. On peut aussi « éclaircir une affaire... une sauce... un

bois... ». Mais « on éclaire la lanterne de quelqu'un » en le renseignant, comme « on éclaire la progression d'une troupe » en la faisant précéder d'éléments de reconnaissance.

Évitez de dire : Le mouvement **écologique**...
Dites plutôt : Le mouvement **écologiste**...
Les suffixes *-ique* (nature, qualité) et *-iste* (caractère, opinion) induisent des sens différents, comme pour *anarchique/anarchiste, bouddhique/bouddhiste, évangélique/évangéliste*... Un journal est **écologiste** (« écolo ») s'il défend l'environnement ; il est aussi **écologique** s'il est imprimé sur du papier recyclé.

Évitez de dire : **Entendons** ce discours avec beaucoup d'attention.
Dites plutôt : **Écoutons** ce discours avec beaucoup d'attention.
On peut **entendre** (percevoir par l'ouïe) sans vraiment **écouter** (être attentif à ce qui est dit), donc entendre de travers. Mais on peut écouter – ou en avoir l'air – sans entendre ; pis, sans comprendre. Et si, par empathie, ou comme un « psy », on écoute pour entendre, un juge d'instruction, lui, entend un prévenu pour écouter ses explications.

Évitez de dire : Les activités **éducatrices** de l'école...

Dites plutôt : Les activités **éducatives** de l'école...
Est **éducateur** ce qui, sans spécifiquement viser à l'éducation, la favorise (« Le pouvoir éducateur des attitudes parentales... »). Est **éducatif** ce qui est conçu et réalisé en vue d'une formation (« Des livres, des films, des jeux éducatifs favorisent l'éveil de l'enfant »).

Évitez de dire : **Gommées**, les traces du méfait.
Dites plutôt : **Effacées**, les traces du méfait.
Gommer s'est largement répandu au sens figuré : « On gomme la réalité... », « On gomme les détails d'un récit... », comme avec une gomme (volonté d'expression concrète). Mais, pour autant, ne mettons pas cette gomme à toutes les occurrences. Continuons donc d'« effacer le tableau », et laissons le temps « effacer les graffitis ».

Évitez de dire : L'**infraction** préalable au cambriolage...
Dites plutôt : L'**effraction** préalable au cambriolage...
Infraction (du latin *frangere*, « mettre en pièces ») = transgression de la loi. Ici, le cambriolage lui-même. Mais celui-ci débute, en général, par une **effraction** (de *effractus*, « brisé ») = bris de clôture, de serrures.

Évitez de dire : **Égoïste**, il n'écoute personne...
Dites plutôt : **Égocentrique**, il n'écoute personne...
Égocentrique (du latin *ego*, « moi », et « centre ») = qui ramène tout à lui-même, les autres n'étant qu'un miroir. **Égoïste** = qui fait toujours passer son intérêt avant celui des autres. **Égotiste** = qui a le culte de son moi, s'analyse en public, disant souvent : « Moi, je suis quelqu'un qui... »

Évitez de dire : N'**élucidez** pas la question, répondez !
Dites plutôt : N'**éludez** pas la question, répondez !
Élucider = clarifier, expliciter quelque chose d'obscur. **Éluder** = esquiver (une question) avec habileté, et même à l'aide d'artifices.

Évitez de dire : Le **fœtus** de quelques jours est-il une personne ?
Dites plutôt : L'**embryon** de quelques jours est-il une personne ?
Le **fœtus**, dans l'utérus de la femme enceinte, est le bébé en gestation à partir du troisième mois de grossesse. Durant les deux premiers mois, on parle d'**embryon**.

Évitez de dire : Notre inconscient, telle la partie **émergée** de l'iceberg...

Dites plutôt : Notre inconscient, telle la partie **immergée** de l'iceberg...
Immergé = au-dessous de la surface de l'eau ; **émergé** = au-dessus. Comme chacun sait, la partie de l'iceberg la plus volumineuse – et la plus dangereuse (car invisible) – est immergée, comme l'inconscient.

Évitez de dire : Pas facile, l'intégration des **émigrés**...
Dites plutôt : Pas facile, l'intégration des **immigrés**...
Simple question de logique... et de préfixes. Les **émigrés** (préfixe *ex-*, « hors de ») partant de leur pays d'origine deviendront, une fois arrivés en France, des **immigrés** (*in-*, « dans »). Entre les deux, ils sont des **migrants** (en route pour un pays d'« accueil »).

Évitez de dire : Le krach annoncé est-il **éminent** ?
Dites plutôt : Le krach annoncé est-il **imminent** ?
Un fait, un événement peuvent être **imminents** (sur le point de se produire). Ce qui est élevé, au-dessus du niveau commun, de grande réputation, est **éminent** (« Une personne éminente... », « Son Éminence... », « Les éminences osseuses... »).

Évitez de dire : Ces rires et ces larmes **emmêlés**...
Dites plutôt : Ces rires et ces larmes **entremêlés**...
On ne peut **emmêler** (embrouiller, enchevêtrer, enrouler en désordre) qu'une même chose ou des

choses identiques (« Le pêcheur emmêle sa ligne », « Des cheveux tout emmêlés... »). Mais on **entremêle** (on mêle ensemble) des éléments différents, voire disparates (« Des textes de diverses origines, entremêlés pour produire une synthèse »).

Évitez de dire : On a voulu **émotionner** les jurés.
Dites plutôt : On a voulu **émouvoir** les jurés.
Émouvoir = toucher en profondeur la sensibilité, faire naître une impression durable (« Émus au souvenir de nos disparus... »). **Émotionner** = agiter par un trouble passager (« Émotionnés par une image choc... »).

Évitez de dire : La **sympathie** obligée de l'avocat pour son client...
Dites plutôt : L'**empathie** obligée de l'avocat avec son client...
Sympathie (du grec *sumpathei*, « participation à la souffrance de l'autre ») = similitude de vues entre personnes, sentiment chaleureux et spontané dans la relation (« Des gens sympathiqucs... », « Marquer sa sympathie... »). **Empathie** (de *en*, « dedans », et *pathie*, « ce qu'on éprouve ») = faculté de partager ce que ressent autrui, de se mettre à sa place, de comprendre ses réactions (« Tout le pays est en empathie avec les sinistrés... »).

Évitez de dire : Le présentateur **en chemise**...
Dites plutôt : Le présentateur **en manches de chemise**...
Être **en chemise**, c'est, en fait, être sans pantalon. Un peu comme les six bourgeois de Calais qui, « en chemise et la corde au cou », se livrèrent au roi d'Angleterre Édouard III. Si l'on a seulement « tombé la veste », on est **en manches de chemise**.

Évitez de dire : Le paludisme, **épidémique** en Asie, en Afrique...
Dites plutôt : Le paludisme, **endémique** en Asie, en Afrique...
Une maladie est **endémique** (du grec *endêmon nosêma*, « maladie fixée dans le pays ») dans une région si elle y sévit habituellement (cas du paludisme) ; mais elle est **épidémique** (de *epidêmos*, « qui circule dans le pays ») si elle y touche soudain beaucoup de monde (« Les millions de morts dus à l'épidémie de grippe espagnole... »).

Évitez de dire : Les vaccinations contre les maladies **enfantines**...
Dites plutôt : Les vaccinations contre les maladies **infantiles**...
Enfantin = qui caractérise l'enfant (« Des raisonnements enfantins... », « Des chansons enfantines... »).

Infantile = qui touche au développement de l'enfant en bas âge (« La mortalité infantile... », « La médecine infantile... »).

Évitez de dire : On **rentre** de plus en plus tôt dans l'adolescence.
Dites plutôt : On **entre** de plus en plus tôt dans l'adolescence.
Mauvaise habitude que de toujours employer **rentrer** pour **entrer** (passer de l'extérieur à l'intérieur). On ne **rentre** vraiment que si l'on « entre de nouveau ». Et l'on n'entre qu'une seule fois dans l'adolescence... Mais les élèves, après leur première année scolaire, rentrent en classe. Même remarque que pour **ajouter/rajouter.**

Évitez de dire : Évitons-nous ces ennuis.
Dites plutôt : **Épargnons**-nous ces ennuis.
Deux sens traditionnels, et précis ! **Éviter** = esquiver, parer à... **Épargner** = garantir, préserver de... (« En évitant ces écueils, il nous a épargné des soucis »).

Évitez de dire : En **épigramme**, une citation en anglais...
Dites plutôt : En **épigraphe**, une citation en anglais.
Épigraphe (féminin) = courte citation, en exergue, au début d'un livre ; inscription gravée sur un édifice.

Épigramme (féminin) = poème satirique et, par extension, moquerie joliment formulée. Moins drôle : **épitaphe** (féminin) [du grec *taphos*, « tombe »] = inscription sur un monument funéraire.

Évitez de dire : La passion a fait **éruption** dans sa vie.
Dites plutôt : La passion a fait **irruption** dans sa vie.
Une prononciation relâchée peut amener à confondre ces mots. **Éruption** = sortie violente, jaillissement (« Un volcan en éruption... », « Cette éruption de vésicules révèle une varicelle »). **Irruption** = entrée soudaine, précipitée, dans un endroit, au sens propre ou figuré (« L'irruption de la police dans la salle... », « L'irruption de Bonaparte dans la République... »).

Évitez de dire : De gros calembours **eschatologiques**...
Dites plutôt : De gros calembours **scatologiques**...
Deux adjectifs dérivés de noms qu'on n'emploie pas tous les jours ! **Scatologie** (du grec *skôr*, « excrément », et *logos*, « parole ») = propos ou écrit grossier à base de « pipi-caca »... **Eschatologie** (de *eskatos*, « dernier) = doctrine (religieuse) et étude portant sur la fin du monde.

Évitez de dire : Il reste une seule **espérance** de le sauver.

Dites plutôt : Il reste un seul **espoir** de le sauver.

Ces mots appartiennent à des registres différents ! Avec **espérance**, on est dans un sentiment d'attente confiante, en rapport avec des changements et des transformations (« L'espérance, vertu majeure... », « *Les Grandes Espérances*, de Dickens... »). Avec **espoir**, on est dans l'attente de résultats heureux, sans aucune certitude (« De vains espoirs, peut-être... »).

Évitez de dire : Quel **étalement** de sentiments !
Dites plutôt : Quel **étalage** de sentiments !
Un étalage de sentiments est la forme figurée d'un **étalage** (exposition) de marchandises. **Étalement** = action d'étaler, au sens d'échelonner, de répartir dans le temps (« L'étalement d'un remboursement... »).

Évitez de dire : Son talent nous **surprend**.
Dites plutôt : Son talent nous **étonne**.
Ne nous laissons pas toujours **surprendre** (prendre sur le fait, au dépourvu) ; sachons aussi nous **étonner** (et rester impressionnés, stupéfiés)... On raconte que l'épouse du grand Émile Littré, entrant dans le bureau de celui-ci et voyant la bonne sur ses genoux, s'exclama : « Ah ! mon ami, je suis surprise ! », et

que le lexicographe lui répondit : « Non, madame, vous êtes étonnée. C'est moi qui suis surpris... »

Évitez de dire : On va encore **invoquer** les « affaires ».
Dites plutôt : On va encore **évoquer** les « affaires ».
Évoquer = rappeler, faire penser à... (« N'évoquons pas les mauvais souvenirs »). **Invoquer** = appeler à l'aide une force ressentie comme supérieure (« Invoquer Dieu, les Muses... ») ; citer, faire appel à... (« Invoquer une nouvelle loi... des témoignages... une autorité... »).

Évitez de dire : Elle est **excessivement** belle.
Dites plutôt : Elle est **extrêmement** belle.
Excessivement, c'est « trop, avec excès ». **Extrêmement**, c'est, à propos d'une qualité (ou d'un défaut), « au plus haut degré ». Pourquoi y aurait-il de l'excès dans la beauté ?

Évitez de dire : L'**extension** du bouddhisme en Europe...
Dites plutôt : L'**expansion** du bouddhisme en Europe...
Expansion = action de (se) répandre, de (se) développer. **Extension** = action d'étendre, de s'étendre.

(« Par son extension, le réseau routier permet l'expansion économique du pays »).

Évitez de dire : Ce qu'il n'a pas énoncé était **explicite**.
Dites plutôt : Ce qu'il n'a pas énoncé était **implicite**.
Rappelons-nous : ce qui est **explicite** est, en fait, « expliqué », comme ressortant clairement des propos tenus ; ce qui est **implicite** reste sous-entendu mais va de soi, bien que pas forcément connu de tout le monde.

Évitez de dire : **Expliquez** cette clause obscure du contrat...
Dites plutôt : **Explicitez** cette clause obscure du contrat...
La différence réside dans l'intensité. **Expliquer** = faire connaître, faire comprendre, en développant. **Expliciter** = rendre explicite, sans ombre, jusque dans le détail, quelque chose qui n'était pas clairement exprimé.

Évitez de dire : La **faction** la plus évoluée du parti...
Dites plutôt : La **fraction** la plus évoluée du parti...
Une **fraction** (partie d'un tout) est une composante d'un mouvement, d'une armée, d'une nation (« La fraction de citoyens les plus aisés... »). Une **faction** (du latin *facere*, « faire ») est un groupe – **factieux** –

qui suscite des troubles contre l'État, la société (telle la Cagoule en 1936).

Évitez de dire : Les promesses du gouvernement **n'ont pas fait long feu.**
Dites plutôt : Les promesses du gouvernement **ont fait long feu.**
Faire long feu = échouer, rater (jadis, une arme à feu faisait long feu quand le coup ne partait pas). **Ne pas faire long feu** = ne pas durer, ne pas traîner (« Il s'est attaqué au problème : ça n'a pas fait long feu »).

Évitez de dire : **Il faut mieux** ne pas partir.
Dites plutôt : **Il vaut mieux** ne pas partir.
Il est fréquent d'entendre **Il faut mieux** pour **Il vaut mieux**. Cela peut venir de la confusion entre obligation et préférence. Ainsi, « Il faut mieux préparer notre voyage » (sa préparation doit être meilleure) n'équivaut évidemment pas à « Il vaut mieux préparer notre voyage » (plutôt que ne pas le préparer).

Évitez de toujours dire : Une **faute** courante **d'inattention**...
Dites aussi : Une **faute** courante **d'attention**...
Faute d'inattention n'est pas forcément incorrect. C'est une forme calquée sur « faute d'étourderie » (étourderie = inattention). Mais, plus couramment, on

dira **faute d'attention** (comme « faute de goût ») pour indiquer un relâchement de l'attention (« L'erreur résulte d'une faute d'attention du correspondant... »).

Évitez de dire : **Fautifs** de guerre, ou non ?
Dites plutôt : **Fauteurs** de guerre, ou non ?
Étonnant : **fauteur** n'a pas de rapport étymologique avec **faute**. Le mot vient du latin *fautor*, « qui favorise », et désigne celui qui est considéré comme responsable d'une atteinte à la tranquillité (désordres, troubles, rébellion, guerre). Est **fautif** celui qui est en faute, ce qui comporte une erreur (« Fautive d'avoir remis un texte fautif... »).

Évitez de dire : Un mouvement **féminin** issu de Mai 68...
Dites plutôt : Un mouvement **féministe** issu de Mai 68...
Est évidemment **féminin** ce qui est propre à la femme (« L'intuition féminine... », « Des équipes féminines... », « D'anciennes ligues féminines... »). Mais le suffixe *-iste* implique un concept militant. Est donc **féministe** celle (celui) qui lutte pour l'extension du rôle des femmes, pour leur égalité avec les hommes. Les suffragettes étaient déjà des féministes...

Évitez de dire : Des danseurs tout à coup **fichés** sur place...
Dites plutôt : Des danseurs tout à coup **figés** sur place...
Dans ces deux verbes, il y a l'idée de fixation. Mais **ficher**, c'est « faire pénétrer, enfoncer », et **figer,** c'est « rendre immobile, coaguler » (du latin populaire *feticare*, « prendre l'aspect du foie ») [« Son regard se figea à la vue des flèches fichées dans son corps »].

Évitez de dire : **Fine bouche**, il a déjoué le complot.
Dites plutôt : **Fine mouche**, il a déjoué le complot.
C'est un gourmet qui est une **fine bouche**. Une **fine mouche** est une personne rusée, qui ne s'en laisse pas compter.

Évitez de dire : Le jardin **flaire** la lavande.
Dites plutôt : Le jardin **fleure** la lavande.
Flairer (de « flair ») = discerner, capter une odeur – au sens figuré, une possibilité (« Flairer une aubaine... »). **Fleurer** (de « fleur ») = exhaler une odeur agréable, embaumer (« Fleurer bon... ») – au figuré, dégager un sentiment perçu comme plaisant.

Évitez de dire : Le transport du bois par **flottement**...
Dites plutôt : Le transport du bois par **flottage**...

Le **flottage** = transport du bois en grumes sur des cours d'eau. À distinguer du **flottement** = mouvement d'ondulation, état incertain dû à l'hésitation, début de désordre (« Comme un flottement de voiles... », « Flottement dans les rangs !... »).

Évitez de dire : Nous **formulons** pour vous des vœux sincères.
Dites plutôt : Nous **formons** pour vous des vœux sincères.
C'est leur présentation qui se **formule**, oralement ou par écrit, mais les vœux eux-mêmes, on les **forme**, de préférence avec sincérité, « du fond du cœur » même...

Évitez de dire : Le **Frigidaire** est vide.
Dites plutôt : Le **réfrigérateur** est vide.
De la « pub » sans le savoir ! Le nom déposé **Frigidaire** s'est si bien imposé qu'on l'a largement attribué aux « frigos » des autres marques. Pourtant, le nom commun **réfrigérateur** ne demande qu'à servir – il est vrai qu'il a cinq syllabes.

Évitez de dire : Le véhicule est **frigorifié**.
Dites plutôt : Le véhicule est **réfrigéré**.
Des sens contraires... **Réfrigérer**, c'est produire du froid pour obtenir une réfrigération, alors que **frigo-**

rifier, c'est soumettre au froid (« Après une heure dans un local réfrigéré, on en sort frigorifié »).

Évitez de dire : Un parfum trop **fugitif**...
Dites plutôt : Un parfum trop **fugace**...
De même racine (le latin *fugere*, « fuir »), ces mots révèlent plus qu'une nuance. **Fugitif** = qui s'enfuit après s'être imposé (« Une pensée, une vision, une rencontre, un sentiment fugitifs... »). **Fugace** = peu perceptible, qui s'efface sitôt apparu (« Une lueur, un reflet, un frisson, un effleurement fugaces... »).

Évitez de dire : Jusqu'à des objets **funèbres** qui sont dérobés !
Dites plutôt : Jusqu'à des objets **funéraires** qui sont dérobés !
Funèbre = qui évoque la mort (« Un visage, une musique, une veillée, un cortège funèbres... »). **Funéraire** = qui concerne les funérailles (« Un art, des articles, des traditions funéraires... »). À noter : les **pompes funèbres**, et non pas « funéraires » – du latin *pompa*, « procession », ces pompes-là désignent le cérémonial qui entoure la mort et la dépouille mortelle.

Évitez de dire : Un style **gaulliste**...
Dites plutôt : Un style **gaullien**...

La petite différence de suffixe induit une grande différence de sens, qui vaut, d'ailleurs, pour bien d'autres personnages politiques... Ce qui tient à la personne même (**gaullien**) n'est pas ce qui touche à l'engagement (**gaulliste**). [« François Mitterrand, à l'opposé du gaullisme, eut cependant des attitudes gaulliennes. »]

Évitez de dire : Évitons ce **goulot** d'étranglement.
Dites plutôt : Évitons ce **goulet** d'étranglement.
Goulet (bien préférable, ici, à **goulot**) = image d'un passage étroit dans les montagnes ou d'une entrée resserrée dans une rade. Mais la notion d'étranglement a aussi, plus récemment, fait penser au goulot d'une bouteille...

Évitez de dire : Les **gourmands** distinguent toutes les saveurs.
Dites plutôt : Les **gourmets** distinguent toutes les saveurs.
Les deux mots viennent de l'ancien français *gromet*, « valet ». Mais ne disons pas à un **gourmet** (qui sait apprécier les mets, les vins, et en distinguer les qualités) qu'il est un **gourmand** (lequel mange trop d'aliments agréables au palais).

Évitez de dire : Une **graduation** en intensité...

Dites plutôt : Une **gradation** en intensité...
Si une **graduation** est une division en degrés, une **gradation** est une progression par degrés (« La graduation en décibels permet de mesurer la gradation du son »).

Évitez de dire : C'est un **gradé**, au moins un capitaine.
Dites plutôt : C'est un **officier**, au moins un capitaine.
Le mot « grade » désigne bien chacun des degrés de la hiérarchie militaire, mais, curieusement, **gradé**, lui, ne désigne qu'un sous-officier (jusqu'à adjudant-chef dans l'armée de terre). De lieutenant à général, il s'agit non plus de gradés, mais d'**officiers** et d'officiers supérieurs.

Évitez de dire : Des personnes **gravement** blessées...
Dites plutôt : Des personnes **grièvement** blessées...
Ces deux adverbes dérivent de « grave » (plus précisément, pour **grièvement**, de l'ancien français *grief*) Mais il est dommage, lorsqu'il s'agit d'une atteinte physique accidentelle, d'employer **gravement**, au détriment de **grièvement**. On est donc « gravement malade », « gravement démuni », mais « grièvement blessé ».

Évitez de dire : L'**habilité** des chirurgiens est indéniable.
Dites plutôt : L'**habileté** des chirurgiens est indéniable.
Un chirurgien est forcément « habile de ses mains », et l'**habileté** est le propre des métiers manuels. Rien à voir avec l'**habilité**, désignant, en droit, l'aptitude légale à agir.

Évitez de dire : Une **horde** de sangliers...
Dites plutôt : Une **harde** de sangliers...
On emploie **harde** (troupeau de ruminants sauvages) en parlant d'animaux ; et **horde** (groupe indiscipliné) à propos d'hommes (« Des hordes de barbares... »).

Évitez de dire : Les protestants, pour l'Église catholique, sont des **schismatiques**.
Dites plutôt : Les protestants, pour l'Église catholique, sont des **hérétiques**.
Hérétique = qui professe une doctrine religieuse contraire aux dogmes d'une religion (initialement, le catholicisme). **Schismatique** = qui a brisé l'union (dans l'Église catholique), qui ne reconnaît plus l'autorité du pape. Les orthodoxes sont schismatiques ; les protestants furent déclarés hérétiques.

Évitez de dire : Voici des classes **hétéroclites**.

Dites plutôt : Voici des classes **hétérogènes.**
Ces deux mots sont des contraires de « homogène ». **Hétéroclite** (du latin *heteroclitus*, « étrange ») = composé de parties appartenant à divers styles, genres (« Un accoutrement et un ameublement hétéroclites... »). **Hétérogène** (de *heterogeneus*) = constitué d'éléments de nature différente (« Des roches hétérogènes... »). Non, on ne peut pas parler, à l'école, de « classes hétéroclites » !

Évitez de dire : Le bétail **hiberne** à l'étable.
Dites plutôt : Le bétail **hiverne** à l'étable.
L'ours **hiberne** (en passant l'hiver dans un état naturel d'engourdissement), alors que les animaux de nos fermes, à la mauvaise saison, **hivernent** (**hivernage** = séjour à l'abri), tout comme les hirondelles, parties pour l'Afrique, ou même les navires qui relâchent dans des ports.

Évitez de dire : Un milliard d'**hindous** !...
Dites plutôt : Un milliard d'**Indiens** !...
Hindou (ou **hindouiste**, mot attesté en 1948) = adepte de la religion hindouiste. **Indien** = habitant de l'Inde. La confusion, encore commise, vient de ce que, jusqu'aux années 1940, on appelait « Hindous » les habitants de l'Inde pour les distinguer des Indiens

d'Amérique. (« La visite de temples hindous et du Parlement indien... »)

Évitez de dire : Amsterdam, capitale de la **Hollande**.
Dites plutôt : Amsterdam, capitale des **Pays-Bas**.
Le nom propre **Hollande** ne désigne qu'une région des **Pays-Bas** – certes, la plus riche et la plus peuplée. (Comme nom commun masculin, « hollande » = fromage ou papier de luxe.) Donc, **hollandais** = de la Hollande (« Les peintres hollandais... », « La sauce hollandaise... ») ; **néerlandais** (de *Nederland*) = des Pays-Bas (« La législation néerlandaise sur les stupéfiants... »)

Évitez de dire : Premiers reçus, les **hôtes et hôtesses** de marque.
Dites plutôt : Premiers reçus, les **hôtes** de marque.
Attention ! si le mot **hôte** désigne à la fois celui qui rcçoit ct cclui qui cst rcçu, il n'en est pas de même du féminin **hôtesse**, qui ne désigne que la femme qui reçoit (maîtresse de maison) ou qui prend soin de... (hôtesse de l'air, par exemple).

Évitez de dire : Les **humanitaires** placent l'homme au centre de tout.
Dites plutôt : Les **humanistes** placent l'homme au centre de tout.

Aujourd'hui, **humanitaire** = qui cherche à améliorer le sort des humains ; qui participe à l'aide, notamment médicale, en faveur des populations en danger. **Humaniste** = qui exprime des positions philosophiques privilégiant les valeurs humaines (« Pour les humanitaires, ce n'est pas tant l'homme qui compte que sa souffrance »).

Évitez de dire : En extension, cet **hypermarché** devient **supermarché**.
Dites plutôt : En extension, ce **supermarché** devient **hypermarché**.
Hyper- comme *super-* sont des préfixes de renforcement exprimant « le plus haut degré ». Alors ? Eh bien, c'est l'**hypermarché** qui est le plus vaste (au-dessus de 2 500 m^2), alors que le **supermarché** (de l'anglais *supermarket*) n'offre que de 400 à 2 500 m^2. **Supérette** = entre 120 et 400 m^2.

Évitez de dire : Les éléments **intriqués** du mécanisme...
Dites plutôt : Les éléments **imbriqués** du mécanisme...
Recours obligé à l'étymologie ! **Imbriquer** (du latin *imbrex*, « tuile ») = disposer des choses en les ajustant, de façon qu'elles se recouvrent partiellement (comme les tuiles d'un toit). **Intriquer** (du latin *intri-*

care, « embrouiller ») = mélanger, entremêler (« Cent problèmes soudain intriqués... »).

Évitez de dire : La publicité comme **pulsion** commerciale...
Dites plutôt : La publicité comme **impulsion** commerciale...
Deux mots (de **pousser**) aussi divergents que proches ! Si une **impulsion** (fait d'inciter à...) peut être donnée au commerce par la « pub », une **pulsion** demeure une tendance (inconsciente) qui « pousse à accomplir une action visant à réduire une tension » *(Petit Larousse)*. Quant à **pulser** (de l'anglais *to pulse*) employé dans l'expression « air pulsé », il s'est trouvé un prolongement avec la locution d'emploi récent « Ça pulse »...

Évitez de dire : L'**inclination** de la tour de Pise...
Dites plutôt : L'**inclinaison** de la tour de Pise...
Attention ! **Inclinaison** = état de ce qui est incliné, oblique (comme le toit d'une maison). **Inclination** = mouvement du haut du corps pour exprimer respect ou acquiescement ; penchant pour un être, une chose, une idée (« Une inclination à prier sous l'effet de l'inclinaison du navire... »).

Évitez de dire : Notre voyage **aux Indes**...

Dites plutôt : Notre voyage **en Inde**...
L'empire des Indes, c'est fini ; la Compagnie des Indes, aussi. Ne subsistent que *Les Indes galantes*, de Rameau. Depuis 1947, date de l'indépendance de ce pays, le singulier est de rigueur.

Évitez de dire : Les nouveaux pays **industriels**...
Dites plutôt : Les nouveaux pays **industrialisés**...
La nuance est dans le suffixe... Tout ce qui relève de l'**industrie** peut être **industriel** : activité, développement, puissance, port, secteur, friche, zone (dévolus à l'industrie), monde (ensemble des travailleurs et des habitudes de l'industrie), denrées (« Du fromage industriel... »). Mais sont **industrialisés** les pays, les régions, l'agriculture et autres réalités soumises à l'**industrialisation**.

Évitez de dire : Un chien **infecté** de parasites...
Dites plutôt : Un chien **infesté** de parasites...
Infecter = pénétrer et se multiplier dans l'organisme, en parlant de microbes pathogènes. **Infester** = abonder, en parlant d'animaux ou de plantes nuisibles (« Une plaie infectée... », mais « Une mer infestée de requins, et des marécages, de moustiques... »). Autre acception d'**infecter** : « empester ».

Évitez de dire : Ils **instrumentent** la générosité.

Dites plutôt : Ils **instrumentalisent** la générosité.
Instrumenter, c'est, en droit, dresser un acte (« Un huissier instrumente ») ; en musique, façonner une orchestration ; en technique, doter de contrôles. **Instrumentaliser**, c'est utiliser quelqu'un ou quelque chose pour d'autres fins que celles annoncées, s'en servir comme d'un instrument (« La politique instrumentalisée par la finance... »).

Évitez de dire : Le terrorisme **islamique**...
Dites plutôt : Le terrorisme **islamiste**...
L'adjectif **islamique** qualifie ce qui se rapporte à l'**islam** (« Des études islamiques..., le foulard islamique..., le culte islamique... »). Mais est **islamiste** ce qui a trait à l'**islamisme**, mouvement politico-religieux préconisant un islam radical.

Évitez de dire : De célèbres coutumes de **naguère**...
Dites plutôt : De célèbres coutumes de **jadis**...
Alors, c'est loin ou pas, dans le passé ? *That is the question !* **Jadis** (contraction du vieux français *ja a dis*, « il y a des jours ») = anciennement ; **naguère** (de *il n'y a guère*) = récemment. Les coutumes, comme les religions, comme les traditions, s'enracinent forcément dans des temps lointains...

Évitez de dire : Des athlètes pour la prochaine **olympiade**...
Dites plutôt : Des athlètes pour les prochains **jeux Olympiques**...
Une **olympiade**, aujourd'hui comme dans la Grèce ancienne, est la période de quatre ans qui sépare deux tenues successives des Jeux. Mais une dérive journalistique tend à substituer « Olympiades » à **Jeux olympiques** (pour faire plus court ?). Mieux vaut sans doute y résister, et continuer, ici comme ailleurs, d'appeler un chat un chat.

Évitez de dire : Une décision **juridique** attendue...
Dites plutôt : Une décision **judiciaire** attendue...
Judiciaire = qui se rapporte à la justice, aux tribunaux (« Le pouvoir judiciaire... La police judiciaire... Un casier judiciaire... Une liquidation judiciaire... »).
Juridique = qui concerne le droit et ses Codes (« Un argument, une preuve, une situation juridiques »).

Évitez de dire : Faites court, soyez **lapidaire**.
Dites plutôt : Faites court, soyez **laconique**.
Que veut-on signifier ? Qu'une demande, par exemple, doit être exposée en peu de mots ? Alors, c'est **laconique** qu'il faut... Que les propos tenus doivent être d'une concision brutale, « musclés » ? Alors, c'est **lapidaire... Laconique** vient de *Laconie* (les

Laconiens, ou Lacédémoniens, étaient réputés pour leur capacité à s'exprimer en peu de mots), et **lapidaire**, du latin *lapis*, « pierre » (concis comme des inscriptions sur la pierre).

Évitez de dire : Il lui faut un **lavement** d'estomac !
Dites plutôt : Il lui faut un **lavage** d'estomac !
Les deux mots viennent de **laver**, et la nuance est subtile ! On procède à un **lavage** pour nettoyer un sol, un mur... ou un estomac « sali » par un toxique. Un **lavement**, non conçu pour laver l'intestin, est un acte de soins (apport médicamenteux), ou de préparation radiologique, ou d'évacuation facilitant un fonctionnement physiologique. Quant au « lavement des pieds » de l'Évangile, il est évidemment bien plus qu'un simple lavage !

Évitez de dire : Un journaliste auteur de **libellés**...
Dites plutôt : Un journaliste auteur de **libelles**...
Quand un accent change tout ! **Libelle** = petit écrit en forme de satire, et souvent diffamatoire. **Libcllé** = formulation d'un acte officiel (« Le libellé du jugement l'a poussé à écrire ce libelle »).

Évitez de dire : Approuvez-vous les **limites** de vitesse ?

Dites plutôt : Approuvez-vous les **limitations** de vitesse ?

Simple constatation : on est souvent plus enclin à approuver des **limitations** (fixations de limites) qu'à respecter des **limites** (points à ne pas dépasser) !

Évitez de dire : Trouvons un **sigle** pour ce **logo**.

Dites plutôt : Trouvons un **logo** pour ce **sigle**.

Un **sigle** (initiales de mots constituant l'appellation d'un organisme, d'une entreprise, etc.) peut donner lieu à un **logo** (représentation graphique d'une marque ou, justement, d'un tel sigle). Mais l'inverse n'est pas vrai.

Évitez de dire : La végétation **luxurieuse**...

Dites plutôt : La végétation **luxuriante**...

Même provenance latine des deux mots : *luxuria*, « surabondance ». Mais **luxuriant** = qui pousse abondamment ; **luxurieux** = adonné à la luxure (plaisirs de l'amour physique).

Évitez de dire : La vengeance et la **magnificence** du comte de Monte-Cristo...

Dites plutôt : La vengeance et la **munificence** du comte de Monte-Cristo...

Dans l'œuvre d'Alexandre Dumas, Edmond Dantès, devenu Monte-Cristo, et immensément riche grâce au trésor de l'abbé Faria, atteint certes à la **magnificence** (de « magnifique »), mais il incarne spécifiquement la **munificence** (du latin *munus*, « cadeau », et *facere*, « faire » = inclination vertueuse qui pousse à dépenser sans compter pour les autres).

Évitez de dire : La présentatrice est rentrée **amaigrie**.
Dites plutôt : La présentatrice est rentrée **amincie**.
Maigrir et **amaigrir** ne sont pas des équivalents de **mincir** et **amincir**. Pas plus que **maigreur** n'est synonyme de **minceur**. Quand la mode commande aux femmes d'être minces, elle ne vise pas pour autant à leur maigreur. Mais lorsqu'il faut perdre de nombreux kilos, entre autres pour raisons de santé, il s'agit plutôt de maigrir...

Évitez de dire : Ce **maître d'ouvrage** conduit deux chantiers.
Dites plutôt : Ce **maître d'œuvre** conduit deux chantiers.
Côté bâtiment et travaux publics, un **maître d'œuvre** (personne ou organisme) réalise des ouvrages pour le compte de **maîtres d'ouvrage** (personnes physiques ou morales). Par extension, « le maître d'œuvre d'un dictionnaire » (directeur éditorial).

Évitez de dire : L'arrestation d'un innocent due à un **malentendu**...

Dites plutôt : L'arrestation d'un innocent due à un **quiproquo**...

Emprunté au latin médiéval (à l'origine, « erreur en pharmacie »), le **quiproquo** consiste à prendre une personne, une chose, pour une autre. Le **malentendu** est ce qui résulte d'une incompréhension entre des personnes (« Un malentendu sur le contenu de la lettre... »). Un malentendu peut provoquer un quiproquo.

Évitez de dire : Le **mandant** a reçu les procurations.
Dites plutôt : Le **mandataire** a reçu les procurations.
Tout **mandataire** représente des **mandants** : il a reçu d'eux pouvoir, procuration, délégation, ou **mandat** électif, pour agir en leur nom, pour les représenter (un tuteur légal, un député sont des mandataires). En droit, mandataire = personne représentant des créanciers.

Évitez de dire : C'est une **manipulation** d'armes.
Dites plutôt : C'est un **maniement** d'armes.
Le **maniement** (façon d'utiliser un instrument, un moyen) et la **manipulation** (manière de tenir un objet dans ses mains, manœuvre) s'appliquent à des « prises en main » de nature différente (« Le maniement du fusil, de la fourchette, d'un tracteur... » ; au figuré, « Le maniement de la langue française... ». Mais : « La manipulation de substances, de colis, d'une

caméra... » ; ou encore : « Les manipulations vertébrales... électorales... », « La manipulation de l'opinion publique... »).

Évitez de dire : On n'est pas bien sûr du **matériel** de revêtement.
Dites plutôt : On n'est pas bien sûr du **matériau** de revêtement.
Matériau = substance (matière) avec laquelle on construit. **Matériel** = ensemble d'outils, d'instruments, d'appareils utilisés pour des travaux. En chirurgie, « le matériel » désigne aussi les pièces (prothèses...) implantées dans le corps ; ce matériel est fabriqué avec certains matériaux (acier, titane, etc.).

Évitez de dire : Un fait divers trop **médiatique**...
Dites plutôt : Un fait divers trop **médiatisé**...
Est **médiatique** une personne, un monument, un lieu, une manifestation qui, en soi, produit un bon effet dans les médias. Est **médiatisé** quelqu'un ou quelque chose qui est offert par les médias à la curiosité du public (« Médiatiser des marques avec le concours de personnalités médiatiques... »).

Évitez de dire : Les propriétés **médicales** des plantes...

Dites plutôt : Les propriétés **médicinales** des plantes...
Médical = qui concerne la médecine, s'y rapporte (« L'art médical... », « Un diagnostic et un acte médicaux... »). **Médicinal** = qui sert de médicament (« Une herbe, une plante, de l'argile, un métal médicinaux... »).

Évitez de dire : À la découverte de l'art **moyenâgeux**...
Dites plutôt : À la découverte de l'art **médiéval**...
Est **moyenâgeux** ce qui évoque le Moyen Âge, ressemble à l'idée qu'on s'en fait, mais n'est pas forcément toujours daté de cette époque (« Des armes, des costumes moyenâgeux... »). Pour parler de la littérature, de l'histoire, de l'art, de l'architecture du Moyen Âge, on emploiera **médiéval** (« La société, les églises, les forteresses médiévales... »).

Évitez de dire : Elle a une **profession** dans les mains.
Dites plutôt : Elle a un **métier** dans les mains.
Deux noms aujourd'hui difficiles à différencier ! **Métier** (du latin *ministerium*, « service ») ne désigne plus précisément un « travail manuel rémunéré », pas plus que **profession** n'indique un « métier d'un certain prestige ». Critère, donc, pour les départager : la différence entre savoir-faire et appartenance, entre

une occupation spécifique rémunérée, qui exige une formation précise (le métier), et une activité régulière propre à fournir des moyens d'existence (la profession). Dans bien des professions, on a du métier...

Évitez de dire : La presse a **mis** l'affaire **à jour**.
Dites plutôt : La presse a **mis** l'affaire **au jour**.
Faute ô combien courante à la télévision et à la radio ! Pourtant, on **met à jour**, en les actualisant, un agenda, une liste, une comptabilité, etc. Mais on **met au jour** (en lumière) ce qui jusque-là était caché aux regards, à la connaissance. Métaphore due à l'archéologie (« Mettre au jour des vestiges... »).

Évitez de dire : Une décision (re)**mise en cause**...
Dites plutôt : Une décision (re)**mise en question**...
Nuance ! **Mettre en cause** = incriminer ; **mettre en question** = contester (« Son rôle est mis en cause, mais personne ne met en question ses idées »).

Évitez de dire : Une belle région **montagnarde**...
Dites plutôt : Une belle région **montagneuse**...
Est **montagnard** ce qui est de la montagne, en dépend (« Les montagnards... », « L'esprit montagnard... »). Est **montagneux** ce qui est constitué de montagnes ou en a l'aspect (« Une étendue montagneuse... », « Un relief montagneux... »).

Évitez de dire : Après une **piqûre** de vipère, surtout ne pas courir.
Dites plutôt : Après une **morsure** de vipère, surtout ne pas courir.
Les serpents ont des crochets : ils provoquent donc des **morsures**, comme avec des dents. Certains insectes occasionnent des **piqûres**, en introduisant leur dard dans la peau.

Évitez de dire : Des toits **mousseux** sous un ciel gris...
Dites plutôt : Des toits **moussus** sous un ciel gris...
Mousseux = qui mousse, produit de la mousse (« Une bonne bière mousseuse... »). **Moussu** = qui est couvert de mousse (« Une allée moussue... »).

Évitez de dire : Quelle mer **moutonnière** !
Dites plutôt : Quelle mer **moutonneuse** !
Si **moutonneux** évoque l'aspect de la toison du mouton (boucles, vagues), **moutonnier** se rapporte à son comportement grégaire (qui imite les autres). Donc le ciel et la mer peuvent être moutonneux, mais bien des comportements humains se révèlent moutonniers.

Évitez de dire : Jérusalem, enjeu du conflit au **Moyen-Orient**...
Dites plutôt : Jérusalem, enjeu du conflit au **Proche-Orient**...

La distinction se fait depuis la fin du XIXe siècle. **Proche-Orient** = ensemble des pays riverains de la Méditerranée orientale, tels la Turquie, le Liban, la Syrie, Israël, et donc les Territoires palestiniens... **Moyen-Orient** (de l'anglais *Middle East*) = ensemble s'étendant de la Libye et de l'Égypte au Pakistan et à l'Afghanistan, en passant par l'Iran.

Évitez de dire : Le **nettoiement** de toutes les façades...
Dites plutôt : Le **nettoyage** de toutes les façades...
Nettoyage = action de nettoyer, aussi bien un trottoir ou une façade que des vêtements ou des métaux... En termes militaires, action de débarrasser un endroit de tout ennemi. **Nettoiement** = ensemble des opérations visant au nettoyage, comme celles conduites par les services adéquats pour la propreté de l'espace public.

Évitez de dire : Mirabeau, tribun **notable** s'il en fut...
Dites plutôt : Mirabeau, tribun **notoire** s'il en fut...
Notable = assez manifeste pour être noté, retenu (« Un événement, des personnages notables... », « Les notables... » – pour désigner des gens importants). **Notoire** = qui est bien connu, comme, historiquement, la qualité de tribun propre à Mirabeau. On se gardera aussi de confondre **notabilité** et **notoriété**.

Évitez de dire : Des **nourrissons** de quelques jours...
Dites plutôt : Des **nouveau-nés** de quelques jours...
Les bébés sont, de la naissance à 28 jours, des **nouveau-nés**. De 29 jours à 2 ans, des **nourrissons** (jadis nourris au lait maternel jusqu'à cet âge).

Évitez de dire : La stricte **observation** de la règle...
Dites plutôt : La stricte **observance** de la règle...
Observance = obéissance, soumission à des règles religieuses, ce qui n'exclut pas un emploi profane (« La rigoureuse observance des horaires de service... »). **Observation** = action de porter une attention soutenue (pour comprendre) sur des êtres, des objets, des situations (« Le malade est en observation ») ; résultat de cette action.

Évitez de dire : Un éboulis **obture** le passage.
Dites plutôt : Un éboulis **obstrue** le passage.
Obstruer = barrer, encombrer, engorger. **Obturer** = boucher un trou, combler une cavité (« Un caillot obstrue un vaisseau », mais « Le dentiste obture une dent dont il a éliminé la carie »).

Évitez de dire : De source **officielle**, il aurait disparu.
Dites plutôt : De source **officieuse**, il aurait disparu.
Officiel = qui provient d'une autorité publique. **Officieux** = qui est annoncé par une personne ayant com-

pétence, mais sans responsabilité officielle (« L'annonce officieuse d'une circulaire officielle... »). À moins de mettre en doute, par option partisane, un communiqué officiel, il faut réserver le conditionnel à ce qui est officieux.

Évitez de dire : Elle affiche un calme **olympique.**
Dites plutôt : Elle affiche un calme **olympien.**
Olympique = d'Olympie, ville de l'ancienne Grèce où se déroulaient les jeux Olympiques (le calme n'en était pas une caractéristique). **Olympien** = de l'Olympe, point culminant que les Grecs considéraient comme la demeure des dieux, où Jupiter régnait avec majesté et noblesse ; d'où un calme, un regard, un air... olympiens.

Évitez de dire : Sur un chemin **ombré...**
Dites plutôt : Sur un chemin **ombragé...**
Ombré (de l'italien *ombrare*, « marquer d'un trait noir ») vient de **ombre. Ombragé**, de **ombrage**. Donc ne pas qualifier du même mot ce qui est sous les ombrages et ce qui comprend des ombres bien marquées, comme une peinture.

Évitez de dire : Une allée de tilleuls **ombrageux...**
Dites plutôt : Une allée de tilleuls **ombreux...**
Oui, les tilleuls sont **ombreux** (ils répandent beau-

coup d'ombre). Est **ombrageux** (littéralement, « qui a peur de son ombre ») quelqu'un d'inquiet, de soupçonneux, de jaloux.

Évitez de dire : Il règne ici une tension **oppressive**.
Dites plutôt : Il règne ici une tension **oppressante**.
Bien distinguer **oppressant** (qui accable physiquement, tend à étouffer) et **oppressif** (qui est autoritaire, qui s'impose, opprime). Ainsi, l'angoisse peut oppresser quand un chef opprime.

Évitez de dire : Voici copie de l'acte **originel**.
Dites plutôt : Voici copie de l'acte **original**.
Attention aux sens de ces mots, apparentés par l'origine ! **Original** = qui est à la source, apparu pour la première fois (« Une édition originale... », « Une bande originale... », « L'original de l'acte... »). Autre sens = excentrique. **Originel** = initial, qui appartient au début (« Le péché originel... », « Le sens originel d'un mot... »).

Évitez de dire : C'est le chirurgien **orthopédique**.
Dites plutôt : C'est le chirurgien **orthopédiste**.
Un appareillage, des chaussures, une consultation, un service... sont **orthopédiques** (relatifs à l'orthopédie). Mais un chirurgien spécialiste du squelette est assurément **orthopédiste**. Alors, *quid* des « chirur-

giens cardiaques » (les pauvres !) et des « chirurgiens esthétiques » (les bienheureux) ? Les voilà traités comme les « coureurs automobiles » !

Évitez de dire : Une manifestation **pacifiste** malgré les provocations...
Dites plutôt : Une manifestation **pacifique** malgré les provocations...
Voir la signification des suffixes *-ique* et *-iste* à « écologique/écologiste ». Une manifestation pacifiste serait en faveur de la paix.

Évitez de dire : Pessah, c'est-à-dire **Pâques** chez les juifs...
Dites plutôt : Pessah, c'est-à-dire **la Pâque** juive...
La Pâque désigne aussi bien la fête juive que celle célébrée dans les Églises chrétiennes d'Orient. (À l'écrit, avec une minuscule, la **pâque**, c'est l'agneau pascal – « Manger la pâque... ».) Dans la tradition chrétienne d'Occident, **Pâques**, la fête, a donné la locution **faire ses pâques** (communier le jour de Pâques).

Évitez de dire : Sa réussite **participe à** son courage.
Dites plutôt : Sa réussite **participe de** son courage.
Un sens lié à la préposition ! **Participer à...** = prendre part à quelque chose. **Participer de...** = découler de

quelque chose (« En participant à cette action, elle a démontré que son engagement participait d'une solide conviction »).

Évitez de dire : Votre rue est **passagère.**
Dites plutôt : Votre rue est **passante.**
Une rue **passagère** ne serait que de passage, éphémère (comme « une envie passagère »)... Est **passant** ce qui permet un passage abondant, ce qui est très fréquenté.

Évitez de dire : C'est un train de **passagers**.
Dites plutôt : C'est un train de **voyageurs**.
Voyageurs = personnes qui usent d'un véhicule de transport public (« Le trafic voyageurs... », par opposition au « trafic (de) marchandises » ; « Ce train ne prend pas de voyageurs »). **Passagers** = personnes transportées, sans appartenir à l'équipage, à bord d'un navire, d'un avion (« 300 passagers, 15 membres d'équipage... ») ou, sans la conduire, d'une automobile. (Sans doute par attraction avec le transport aérien, on parle de « passagers de l'Orient-Express ».)

Évitez de dire : Un **verdict** de dix ans de réclusion.
Dites plutôt : Une **peine** de dix ans de réclusion.
Le **verdict** (du latin médiéval *veredictum*, « véritablement dit ») est la déclaration d'une cour et d'un

jury d'assises qui répondent aux questions posées, puis se prononcent sur la culpabilité et la **peine** (de **pœna**, « souffrance »). Le verdict est « rendu », et la peine qui en découle, « prononcée ».

Évitez de dire : Un établissement **pénitencier** surpeuplé...
Dites plutôt : Un établissement **pénitentiaire** surpeuplé...
Pénitencier (nom) = ancienne prison pour longues peines de réclusion ou de travaux forcés. **Pénitentiaire** (adjectif) = ce qui a trait aux prisons (« L'administration, le personnel, le régime pénitentiaires... »).

Évitez de dire : Attention aux dates de **préemption** !
Dites plutôt : Attention aux dates de **péremption** !
Dans **péremption**, il y a **périmé**. La date figurant sur les emballages de médicaments ou d'aliments indique le terme de leur efficacité ou de leur consommation sans risque. **Préemption** (de **préempter**) = action – d'un organisme public, par exemple – pour acheter un bien avant tout particulier.

Évitez de dire : Le plus tragique attentat jamais **perpétué**...
Dites plutôt : Le plus tragique attentat jamais **perpétré**...

Perpétrer (du latin *perpetrare*, « accomplir »), c'est commettre un acte criminel, alors que **perpétuer** (de *perpetuare*, « continuer »), c'est faire durer, renouveler, reproduire (→ **perpétuité**). On perpétue, par exemple, un souvenir, une tradition...

Évitez de dire : La Fontaine a **personnalisé** les animaux.
Dites plutôt : La Fontaine a **personnifié** les animaux.
S'il n'avait que **personnalisé** les animaux, La Fontaine les aurait seulement individualisés, attribuant à chacun un caractère particulier. Or, il les a **personnifiés**, les dotant de réflexion et de comportements humains. Dans la vie courante, on personnalise sa maison ; certains vont jusqu'à la personnifier...

Évitez de dire : De nouvelles installations **pétrolifères**...
Dites plutôt : De nouvelles installations **pétrolières**...
Dans **pétrolifère**, il y a *-fère* (du latin *ferre*, « qui porte ») ; un terrain, une roche, des schistes peuvent se révéler pétrolifères = contenant du pétrole. Mais les forages, les installations, les compagnies, les puits, etc., sont **pétroliers** (pompage, raffinage, distribution...). Un pétrolier = navire transporteur. Choc pétrolier = hausse brutale des prix du pétrole.

Évitez de dire : Des troubles **physiques** aigus...
Dites plutôt : Des troubles **physiologiques** aigus...
Est **physiologique** ce qui se rapporte au fonctionnement normal des êtres vivants et de leurs constituants. Est **physique** ce qui a trait à la constitution anatomique visible (« Le physique révélerait-il le mental ? »).

Évitez de dire : Ces **politiciens** invités à l'émission...
Dites plutôt : Ces **politiques** invités à l'émission...
Le mot **politicien** a, depuis les années 1970, pris un mauvais tour, pas très éloigné de « politicard »... On emploie de plus en plus **politiques** pour désigner les élus d'importance (« Voilà où nous ont conduits nos politiciens », « Une réunion de politiques et de militaires... »).

Évitez de dire : La région parisienne est **populaire**.
Dites plutôt : La région parisienne est **populeuse**.
Populaire = qui plaît à la majorité des citoyens, qui est du peuple, assume ses valeurs (« Un ministre, un journal populaires... »). **Populeux** = très peuplé (« Des rues étroites et populeuses... »).

Évitez de dire : À table, on s'est fait passer le **pot à eau**.
Dites plutôt : À table, on s'est fait passer le **pot d'eau**.

Pot à eau = récipient (vide) destiné à recevoir son contenu d'eau. **Pot d'eau** = récipient contenant de l'eau (c'est celle-ci qu'en fait, à table, on réclame). Même différence avec un **pot à fleurs** (acheté dans un bazar) et un **pot de fleurs** (chez un fleuriste).

Évitez de dire : Surtout pas d'orientations **précoces** !
Dites plutôt : Surtout pas d'orientations **prématurées** !
Précoce = dont le développement est plus rapide que la normale. **Prématuré** = qui survient plus tôt qu'il ne convient. (En médecine, le terme « éjaculation précoce » a été justement remplacé par « éjaculation prématurée ».)

Évitez de dire : Un singe à la queue **préhensible**...
Dites plutôt : Un singe à la queue **préhensile**...
Préhensible = qui peut être saisi (peu usité). **Préhensile** = qui peut saisir. La queue de ce type de singe n'est évidemment pas faite pour être saisie, mais bien pour saisir, s'enrouler autour de branches d'arbre.

Évitez de dire : Elle n'est pas **prête** d'oublier.
Dites plutôt : Elle n'est pas **près** d'oublier.
Près de = sur le point de... **Prêt à** = disposé à... Ainsi peut-on se trouver prêt(e) à partir – fin prêt(e) même –, sans forcément être près de partir, l'inverse

étant aussi plausible. Serait-on prêt à mourir seulement parce qu'on est près de mourir ?

Évitez de dire : Riche, mais pas **pressé** par le fisc ?...
Dites plutôt : Riche, mais pas **pressuré** par le fisc ?...
Au fond, **pressurer** est une forme radicalisée et imagée (le pressoir...) de **presser**. On presse un fruit ; en insistant, on le pressure (au figuré, « pressurer [par exemple] le contribuable »). **Pressuriser** (anglicisme, de *to pressurize*) = maintenir une pression normale (pour l'organisme) dans un avion.

Évitez de dire : C'est le retour de l'enfant **prodige**...
Dites plutôt : C'est le retour de l'enfant **prodigue**...
Prodigue = qui dilapide ses biens pour son plaisir (ou par générosité). Allusion à l'enfant prodigue de l'Évangile qui revient vers son père, sa part d'héritage envolée. **Prodige** = enfant exceptionnellement précoce et doué ; personne ou chose extraordinaire (« Un prodige s'est produit »).

Évitez de dire : Un **programmateur** de logiciels performants...
Dites plutôt : Un **programmeur** de logiciels performants...
Programmation toujours, mais on ne confondra pas le **programmateur** (responsable des programmes en

radio ou en télévision), le **programmateur** (appareil commandant le programme d'une machine) et le **programmeur** (spécialiste des programmes d'ordinateurs).

Évitez de dire : Alexandre Dumas, écrivain **prolixe**...
Dites plutôt : Alexandre Dumas, écrivain **prolifique**...
Prolifique = qui se reproduit beaucoup, qui est fécond dans la création. **Prolixe** = bavard, verbeux, « trop long ». Un mauvais auteur peut être à la fois prolifique (nombreux écrits) et prolixe (écrits ennuyeux)...

Évitez de dire : La **prolongation** de la ligne du TGV...
Dites plutôt : Le **prolongement** de la ligne du TGV...
On joue les **prolongations** (allongement de la durée) dans un match de football. Mais on envisage un **prolongement** (augmentation de la longueur) pour une rue.

Évitez de dire : Une pose plutôt **provocatrice**...
Dites plutôt : Une pose plutôt **provocante**...
Deux mots pour des provocations différentes ! La « dure », celle qui incite à des troubles, à la violence, donne **provocateur/trice** (nom et adjectif) [« Quels provocateurs ? Quelle instigation provocatrice ? »] ;

celle qui, simplement, s'attache à faire réagir, à exciter donne **provocant(e)** [« Des mines et des propos provocants... »].

Évitez de dire : Ridicule, autant dire **prud'homal** !
Dites plutôt : Ridicule, autant dire
prudhommesque !
Prudhommesque (emphatique et ridicule) découle de Joseph Prudhomme, personnage sentencieux créé par l'écrivain et caricaturiste Henri Monnier (1799-1877). Rien à voir avec **prud'homal** (de **prud'homie** = juridiction des prud'hommes).

Évitez de dire : Voici l'ordonnance du **psychologue**.
Dites plutôt : Voici l'ordonnance du **psychiatre**.
S'il y a ordonnance, c'est qu'elle a été délivrée par un docteur en médecine, seul habilité à prescrire des médicaments. Donc par un **psychiatre**, les autres « psy » n'étant pas, en tant que tels, des médecins.

Évitez de dire : Maladie **psychiatrique** ou pas ?
Dites plutôt : Maladie **psychique** ou pas ?
Cette maladie n'est en tout cas ni **psychiatrique** (psychiatrie = spécialité médicale – « Les hôpitaux, les soins psychiatriques... ») ni **psychologique** (psychologie = étude scientifique des faits de l'esprit – « Une aide psychologique... », « La guerre psycholo-

gique... »). Mais elle touche le psychisme, le mental ; elle est donc **psychique** (« Un bien-être psychique à recouvrer... »).

Évitez de dire : Les **publicistes,** maîtres de la communication ?
Dites plutôt : Les **publicitaires,** maîtres de la communication ?
Publiciste (de « public ») = jadis, journaliste ; aujourd'hui encore, juriste versé dans le droit public. Mieux vaut donc employer **publicitaire** (mot apparu en 1932, de « publicité ») pour désigner un professionnel de la « pub ».

Évitez de dire : On nous a **rabattu** les oreilles avec ça.
Dites plutôt : On nous a **rebattu** les oreilles avec ça.
C'est un chapeau qui peut **rabattre** les oreilles. « Rebattre les oreilles », c'est répéter les choses jusqu'à ennuyer.

Évitez de dire : La crise du **raffinement** fait monter les prix.
Dites plutôt : La crise du **raffinage** fait monter les prix.
Deux noms proches désignant des choses bien différentes ! **Raffinage** = ensemble des opérations qui font d'un produit brut (comme le pétrole) une matière

adéquate (comme l'essence) pour un emploi donné. **Raffinement** = bonnes manières, comportement subtil, et même précieux (« Les raffinements de la table... »).

Évitez de dire : Un décret enfin **reporté**...
Dites plutôt : Un décret enfin **rapporté**...
L'un des sens de **rapporter** est « annuler, abroger, retirer » : c'est ce qui frappe un décret qui a suscité un fort mécontentement public. Rien à voir avec **reporter**, « remettre à plus tard ».

Évitez de dire : Avez-vous **retrouvé** la santé ?
Dites plutôt : Avez-vous **recouvré** la santé ?
Le verbe **recouvrer** n'est pas à la seule disposition du fisc (« Recouvrer – et non recouvrir – l'impôt... »). Il signifie aussi « rentrer en possession d'un élément perdu qui fait partie de soi ». On peut **retrouver** sa montre, mais il est plus élégant de **recouvrer** la parole, la vue, sa bonne humeur, un bien inestimable...

Évitez de dire : Contre les moustiques, ce **révulsif**...
Dites plutôt : Contre les moustiques, ce **répulsif**...
En médecine, on connaît les **révulsifs** (du latin *revulsum*, « arrachement ») – jadis, cataplasmes, ventouses ; aujourd'hui encore, pommades – utilisés pour provoquer une révulsion (afflux sanguin). **Répulsif**

(de *repulsus*, « repoussé ») = qui écarte des animaux indésirables (« Les répulsifs, produits courants... ») ; qui dégoûte.

Évitez de dire : Une question philosophique à **solutionner**...
Dites plutôt : Une question philosophique à **résoudre**...
De conjugaison plus facile que « résoudre », **solutionner** (construit comme « auditionner ») ne semble pas condamnable dans le sens « apporter une solution ». Mais **résoudre** est préférable tant en philosophie et en médecine qu'en mathématiques (« Résoudre une équation... »), et même dans le langage courant (« Une énigme résolue... »).

Évitez de dire : Les mesures à prendre **ressortent des** pouvoirs publics.
Dites plutôt : Les mesures à prendre **ressortissent aux** pouvoirs publics.
Deux verbes **ressortir** : l'un, du 3e groupe, signifie soit « sortir de nouveau », soit « résulter de... » (« Il ressort de cela un malaise ») ; l'autre, du 2e groupe, conjugué comme « finir » (participe présent en -*issant*), est d'abord un terme de droit (« L'affaire ressortit à cette juridiction » = est du ressort de...)

qui a pris le sens de « être du domaine de... » et appelle la préposition *à*.

Évitez de dire : Toute la journée, il **rêve de** ses prochaines vacances...
Dites plutôt : Toute la journée, il **rêve à** ses prochaines vacances...
Préposition ou non ? Et si oui, laquelle ? **Rêver** (sans préposition) = désirer une chose abstraite, peut-être inaccessible (« Rêver la gloire... », « Ne rêver que plaies et bosses... »). **Rêver de** = faire un rêve en dormant, ou désirer ardemment quelque chose. **Rêver à** = songer, imaginer, rêvasser (« À quoi rêves-tu ? »). **Rêver sur** (rare) = méditer (« Rêver sur l'éventuelle éternité... »).

Évitez de dire : La vie de Napoléon ne fut **rien moins que** glorieuse.
Dites plutôt : La vie de Napoléon ne fut **rien de moins que** glorieuse.
La contradiction de sens entre ces deux tournures – signalée par les ouvrages traitant des difficultés du français – est vraiment difficile à saisir. Aussi vaut-il mieux les éviter que les utiliser à contre-emploi. Avec « rien de moins que », on a un sens positif (oui, Napoléon eut bien une vie glorieuse). Avec « rien moins

que », un sens négatif (Napoléon n'aurait alors pas eu du tout une vie glorieuse).

Évitez de dire : Invités à **sabrer** le champagne...
Dites plutôt : Invités à **sabler** le champagne...
À l'occasion de réjouissances, on ne peut que **sabler** le champagne. (Au temps de Louis XIV, « Jeter un verre en sable », c'était avaler d'un seul coup son contenu.) « **Sabrer** le champagne » (locution vieillie) = trancher le goulot de la bouteille avec un sabre. Mais les traditions se perdent !

Évitez de dire : Ce chemin, déjà bien **sableux**, avant la plage...
Dites plutôt : Ce chemin, déjà bien **sablonneux**, avant la plage...
Sableux = qui contient du sable, comme une terre sur laquelle, donc, la culture est difficile, ou comme des alluvions. **Sablonneux** = qui est naturellement couvert de sable, où il y a abondance de sable. **Sablé** = qu'on a couvert d'une couche de sable (« En hiver, une route sablée... »).

Évitez de dire : La plaie est **sanguinolente**.
Dites plutôt : La plaie est **sanglante**.
Est **sanglant** ce qui saigne, ce qui est taché de sang (« Un poignard sanglant... ») ou s'accompagne

d'effusion de sang (« Des combats sanglants... »). Au figuré : « Une discussion sanglante... » Mais est **sanguinolent** ce qui contient du sang, en est teinté (« Une urine sanguinolente pousse à consulter... »).

Évitez de dire : Vous n'êtes pas **sans ignorer** ce qu'Internet permet.
Dites plutôt : Vous n'êtes pas **sans savoir** ce qu'Internet permet.
L'emploi fautif de **sans ignorer** pour **sans savoir** est répandu. Pourtant, tout le monde sait que deux négations valent une affirmation. Donc, si « vous n'êtes pas sans savoir », c'est que vous savez. Vous n'êtes pas sans savoir ce que permet Internet, mais il y a gros à parier que vous n'êtes pas sans ignorer le chinois (= vous l'ignorez)...

Évitez de dire : Quand l'édifice s'est **éboulé**...
Dites plutôt : Quand l'édifice s'est **écroulé**...
Si une falaise, une roche ou une masse d'objets accumulés peuvent **s'ébouler** (en s'affaissant par glissement plus ou moins rapide), un bâtiment, lui, **s'écroule** (en s'effondrant soudainement et avec fracas). Une personne, peut aussi s'écrouler sous l'effet, par exemple, d'une fatigue ou d'un malaise.

Évitez de dire : Ils se sont **coltinés** avec la police.

Dites plutôt : Ils se sont **colletés** avec la police.
Les deux verbes renvoient à **collet** (« saisir au collet »), mais il faut les différencier. **Se colleter** = se confronter, se battre. **Se coltiner** (de *coltin*, pièce de cuir utilisée par les forts des Halles pour se protéger le cou) = effectuer des corvées (comme porter des charges sur le dos). On dit, par extension : « C'est moi qui me suis coltiné la vaisselle ».

Évitez de dire : Des **serrages** de mains tous azimuts...
Dites plutôt : Des **serrements** de mains tous azimuts...
On parlera de « serrements de mains..., de cœur... » et autres « resserrements »... Mais de « serrages de boulons... de joints... de freins... » et « de colliers de serrage ».

Évitez de dire : Une route réglementairement **signalée**...
Dites plutôt : Une route réglementairement **signalisée**...
Signaler = indiquer par un signal, attirer l'attention sur... (« Le village est signalé comme touristique sur le panneau indicateur »). **Signaliser** (anglicisme, de *to signalize*) = munir d'une signalisation : bornes, marques au sol, feux clignotants... (« Un passage à niveau mal signalisé à signaler »).

Évitez de dire : Une nouvelle secousse **sismique**...
Dites plutôt : Une nouvelle secousse **tellurique**...
Sismique vient du grec *seismos*, « secousse » (« Des mouvements sismiques... »). « Secousse sismique » tient donc du pléonasme = « secousse qui secoue » (!). **Tellurique** vient du latin *tellus*, « terre ». « Secousse tellurique » = secousse de la Terre.

Évitez de dire : Un chauffard **sous l'emprise** du cannabis...
Dites plutôt : Un chauffard **sous l'empire** du cannabis...
Emprise (de **entreprendre**), hormis son sens de mainmise publique sur un espace (« L'emprise d'un aéroport... ») = ascendant moral, intellectuel, militant, exercé sur des personnes (« Être sous l'emprise d'une philosophie... d'un parti politique... »). Pour exprimer la notion de dépendance exagérée, nocive, mieux vaut employer **empire** = puissance oppressive (« Sous l'empire de l'alcool..., du jeu..., d'une perversion... »).

Évitez de dire : C'est un repas **somptuaire**.
Dites plutôt : C'est un repas **somptueux**.
Somptuaire (du latin *somptuarius*, « relatif à la dépense ») ne devrait pas qualifier un repas, une maison ou un autre bien. Ni, sous peine de pléonasme,

une dépense, qu'on dira plutôt excessive, exagérée, abusive (« D'anciennes lois somptuaires, pour limiter la dépense »). **Somptueux** = magnifique, luxueux, splendide...

Évitez de dire : De la voûte descendaient
des **stalagmites.**
Dites plutôt : De la voûte descendaient
des **stalactites.**
Moyen mnémotechnique : avec les trois *t* de **stalactite,** on pense à « tomber » ; avec le *m* de **stalagmite,** à « monter ». Ainsi, les stalactites pendent de la voûte des grottes ; les stalagmites s'élèvent à partir de leur sol.

Évitez de dire : Y a-t-il **subordination** de témoins ?
Dites plutôt : Y a-t-il **subornation** de témoins ?
Subordination (de **subordonner**, faire dépendre de...) ne saurait être confondu avec **subornation** (de **suborner**, inciter quelqu'un au faux témoignage). À l'écrit, en tout cas, on remarque souvent l'erreur.

Évitez de dire : Vous **suppléez** ma défaillance.
Dites plutôt : Vous **suppléez à** ma défaillance.
Préposition ou non ? Question de sens... **Suppléer** = remplacer (« Le sous-chef supplée le chef »). **Suppléer à** = remédier à un manque, ajouter.

Évitez de dire : Ces signes révèlent un **symptôme** de grippe.
Dites plutôt : Ces signes révèlent un **syndrome** de grippe.
Un **symptôme** n'est qu'un trouble ressenti par une personne (comme une douleur ou des vertiges). Des symptômes et les données de l'examen médical vont induire l'idée d'un **syndrome**.

Évitez de dire : Ce leader **syndicaliste** a été reçu.
Dites plutôt : Ce leader **syndical** a été reçu.
Un **syndicaliste** est un militant **syndical**. C'est ce qui le différencie du **syndiqué**, simple adhérent. Parler de « leaders syndicalistes », c'est commettre un pléonasme, puisque les dirigeants des syndicats sont avant tout des syndicalistes.

Évitez de dire : De récentes créations **télévisées**...
Dites plutôt : De récentes créations **télévisuelles**...
Ce qui tient à la télévision en tant que moyen de communication et de distraction est **télévisuel**. La création peut donc être télévisuelle, comme cinématographique ou théâtrale. Ce qui est **télévisé**, c'est ce qui est montré à l'écran (« La finale de la Coupe de France de football est télévisée, comme elle est radiodiffusée »).

Évitez de dire : Nos mémoires **temporaire** et spatiale...

Dites plutôt : Nos mémoires **temporelle** et spatiale...
Temporaire = qui ne dure qu'un temps (« Un retrait de permis temporaire... »). **Temporel** = qui est lié au temps (comme la « mémoire temporelle ») ; qui est matériel (contraire de « spirituel ») ; limité, périssable (contraire de « éternel »).

Évitez de dire : La **tendresse** appréciée d'une viande...
Dites plutôt : La **tendreté** appréciée d'une viande...
Bien que **tendresse** comme **tendreté** soient issus de l'adjectif « tendre », il serait du plus mauvais effet de les confondre. À moins de mélanger sentiments et aliments...

Évitez de dire : Dans ce désastre, il a été le seul à **tirer les marrons du feu**.
Dites plutôt : Dans ce désastre, il a été le seul à **s'en sortir**.
Pour conserver son sens à la locution « tirer les marrons du feu » on se rappellera son origine, dans la fable de La Fontaine *Le Singe et le Chat* : le Chat retire du feu (avec la patte), au profit du Singe, des marrons qui grillent. D'où la définition du *Dictionnaire des expressions* (Le Robert) : « Entreprendre pour le seul profit d'autrui quelque chose de risqué ou de difficile ». Un égoïste, donc, ne tirera pas les marrons du feu.

Évitez de dire : **Tout d'un coup**, l'éclair...
Dites plutôt : **Tout à coup**, l'éclair...
Tout d'un coup = en une seule fois. **Tout à coup** = soudain (« Tout à coup, il a fui, emportant d'un seul coup la totalité des mises »).

Évitez de dire : Le détenu s'est évadé lors de son **transfert**.
Dites plutôt : Le détenu s'est évadé lors de son **transfèrement**.
Transfert = action, dans bien des situations, de (se) déplacer (en psychanalyse = report de sentiments par l'analysant sur l'analyste). **Transfèrement** = mot rare, mais qui désigne spécifiquement le déplacement d'un détenu (« Un transfèrement cellulaire... »).

Évitez de dire : Voici un papier **transparent**.
Dites plutôt : Voici un papier **translucide**.
Dans **transparent**, on lit « paraître au travers ». Dans **translucide**, « lumière au travers ». C'est toute la différence entre une paroi translucide, qui laisse passer la clarté mais ne permet de distinguer que les formes, et une paroi transparente, qui laisse voir distinctement ce qu'il y a derrière.

Évitez de dire : Ah ! quelle victoire **triomphante** !
Dites plutôt : Ah ! quelle victoire **triomphale** !

Triomphal = qui est propre au succès (une victoire, une entrée, une couronne, un défilé peuvent être triomphaux). **Triomphant** = qui exprime, marque le triomphe (comme une attitude, une allure, un sourire, un communiqué).

Évitez de dire : À jeter ! c'est **usagé** jusqu'à la corde...
Dites plutôt : À jeter ! c'est **usé** jusqu'à la corde...
Usagé = qui a fait beaucoup d'usage, mais peut encore servir. **Usé** = mis par l'usure hors d'usage. Au figuré : « Un homme usé... »

Évitez de dire : Un dispositif déjà **usité**...
Dites plutôt : Un dispositif déjà **utilisé**...
Il est encore des gens pour penser qu'**usité** fait chic... En fait, il ne sert plus qu'à qualifier un mot ou une tournure de la langue (« Des termes fort peu usités... »). Il n'y a pas de verbe « usiter »... Quant à **utiliser**, on ne devrait pas le confondre avec **employer** : quelque chose d'utilisé l'est pour qu'en soit tirée une utilité. Ce que ne permet pas forcément un emploi.

Évitez de dire : Que de projets **utopistes** !
Dites plutôt : Que de projets **utopiques** !
La différence de sens est dans les suffixes *-ique* et *-iste* (voir à « écologique/écologiste »). Si des projets

sont **utopiques**, des vues, des propos, des raisonnements seront **utopistes**.

Évitez de dire : C'est une simple **variation** du texte.
Dites plutôt : C'est une simple **variante** du texte.
Variante = légère différence, dans un texte, une œuvre, par rapport à une mouture précédente ou à l'original (« Les variantes des textes bibliques... »). **Variation** = modification, changement, glissement d'un état vers un autre (« Les variations climatiques... »). En musique, transformation partielle d'un thème.

Évitez de dire : Il faut ôter ce dard **vénéneux**.
Dites plutôt : Il faut ôter ce dard **venimeux**.
Les deux mots viennent du latin *venenum*, « poison ». Mais **vénéneux** = qui contient une substance toxique à l'ingestion (« Des champignons vénéneux... ») ; **venimeux** = qui produit du venin, inoculé par morsure ou par piqûre (« Un serpent, un insecte venimeux... »).

Évitez de dire : Les performances de l'industrie **viticole**...
Dites plutôt : Les performances de l'industrie **vinicole**...
Tout ce qui a trait au **vin** (du latin *vinum*) ne concerne pas forcément la **vigne** (du latin *vitis*). La fabrication du vin, son élevage, sa distribution appartiennent au

secteur **vinicole**. Est **viticole** ce qui ne concerne que la viticulture.

Évitez de dire : Le technicien **visualise** la séquence défectueuse.
Dites plutôt : Le technicien **visionne** la séquence défectueuse.
Pas plus que « écouter » avec « auditionner », on ne saurait confondre **voir** (percevoir par les yeux à l'état naturel) ; **visionner**, de « vision » (regarder à titre professionnel, un film, une émission) ; **visualiser**, de l'anglais *to visualize* (présenter des données, des résultats sur un écran).

Évitez de dire : Rendez-vous au **wagon-restaurant**.
Dites plutôt : Rendez-vous à la **voiture-restaurant**.
Il est d'usage, à la SNCF, depuis les années 1960 – et maintenant dans le langage courant – de n'appeler **wagon** qu'un véhicule sur rails destiné au transport de marchandises, de bestiaux ou de matériaux. C'est le terme **voiture** qui convient pour le véhicule transportant des voyageurs. On dira donc : « Voiture de seconde ou de première classe... voiture-restaurant... voiture-bar... voiture-lits... ». Pour autant, la Compagnie des wagons-lits n'a, bien sûr, pas été rebaptisée.

Des mots... et des usages

Attachons-nous aux formes

Et si l'on parlait correctement le français – avec une simplicité soutenue par le bon usage, avec la volonté de lui épargner trop de mauvais coups ?... À partir de mots et d'expressions révélateurs, glanés aussi bien devant le petit écran que dans de multiples réunions ou au bistrot du coin – là, au moins il y a un dictionnaire sous le comptoir –, voici des exemples de fautes et de contre-emplois. Ceux-ci finissent-ils par nous écorcher grièvement les oreilles ? Alors, sans devenir des cuistres ni « faire la leçon », soumettons-nous à quelques douces exigences grammaticales et syntaxiques.

Évitez de dire : La clé était **après** la porte.
Dites plutôt : La clé était **à** (**sur**) la porte.
Après ne marque pas le contact mais une notion de distance (« Courir après quelqu'un », « Demander après lui »). Il est ici préférable d'employer **à** (mieux que **sur**, néanmoins admis).

Évitez de dire : **Causez** à votre ami de cette affaire.
Dites plutôt : **Parlez** à votre ami de cette affaire.
Causer appelle **avec** (réciprocité) ; **parler** réclame **à** (**au**, **aux**) [« On cause avec tout le monde, et l'on parle à qui veut nous écouter »]. Tournures ironiques : « Causer dans le poste... », « Hé ! j'te cause... ».

Évitez de dire : Avez-vous sauté **au bas** du cheval ?
Dites plutôt : Avez-vous sauté **à bas** du cheval ?
On saute **à bas** d'un cheval, on tombe **à bas** d'une échelle, **à bas** de son lit (mouvement). Mais on trouve des livres amoncelés **au bas** de la bibliothèque, et une victime **au bas** (**en bas**) de l'escalier (situation).

Évitez de dire : Il aime **à ce qu'on** l'écoute.
Dites plutôt : Il aime **qu'on** l'écoute.
Sans fonction, **à ce** est ici une lourdeur patente, comme avec « demander » (on dira : « Je demande

que cela soit fait ») ! Suivi d'un infinitif, **aimer** accepte bien le **à** (« Vous aimez jouer – à jouer [plus littéraire] – avec les sentiments... »).

Évitez de dire : Il est allé **au** médecin, puis **chez** France Télécom.
Dites plutôt : Il est allé **chez le** médecin, puis **à** France Télécom.
Va-t-on « au juge », « à l'avocat », « au fermier », « au garagiste » ? Alors pourquoi aller « au médecin », « au pharmacien », « au coiffeur » ? Par ailleurs, même si **chez** fait plus chaleureux que **à**, il vaut mieux n'employer ce **chez** que devant les appellations commerciales venant de noms de personnes : « Chez Albin Michel, chez Larousse, chez Gallimard, chez Nicolas... ». Et **à** devant les autres : « Au Seuil, aux Presses de la Cité, à France 3, à Air France... ». On ne s'entendrait quand même pas dire : « Chez Le Printemps et chez la SNCF... » !

Évitez de dire : La voiture **à** sa femme...
Dites plutôt : La voiture **de** sa femme...
La préposition **de** indique la provenance ou la propriété ; **à**, la destination. N'est-ce pas bien ainsi ? Cela n'empêche pas les jolies tournures populaires et datées comme « l'herbe à Nicot », « la bande à Bonnot » ou « un fils à papa ».

Évitez de dire : Il faut (re)**partir à** zéro.
Dites plutôt : Il faut (re)**partir de** zéro.
D'où **part**-on ? En l'occurrence, **de** zéro (= de rien). Mais on (re)commence **à** zéro (à la base...) !

Évitez de dire : Ils viendront tous **en moto**.
Dites plutôt : Ils viendront tous **à moto**.
Sans purisme aucun, il reste préférable de dire « à vélo », « à cyclomoteur »... – comme « à cheval », « à skis », « à patins » – et « en voiture », « en train »... Non ?

Évitez de dire : Le saut **en** élastique...
Dites plutôt : Le saut **à l'**élastique...
Préposition **à** = « au moyen de, avec », comme dans « la pêche à la ligne ». Mais « en parachute » ou « en parapente » (objets quasi enveloppants).

Évitez de dire : Cinq **à** six personnes ont attendu deux **ou** trois heures.
Dites plutôt : Cinq **ou** six personnes ont attendu (de) deux **à** trois heures.
Il faut **à** si plusieurs unités séparent les deux nombres cités ou si ceux-ci sont divisibles (« Vingt à trente chevaux », « Un à deux jours » [ce peut être un jour et demi]). Mais **ou** si ces deux nombres se suivent

et sont indivisibles (« Cinq ou six personnes... », « Deux ou trois lettres reçues... »).

Évitez de dire : Nous **partons à** Rome.
Dites plutôt : Nous **partons pour** Rome.
On part d'un lieu **pour** un autre. (Noter que la locution **en partance** appelle exclusivement la préposition **pour**.) Mais, bien sûr, « on part en vacances... dans sa famille... » (« pour » serait ici ridicule). Et si l'idée porte sur le fait que l'on est arrivé quelque part, l'emploi de **à**, **au**, **en** ou **dans** est correct, surtout si **pour** s'impose ensuite (« Il est parti dans les Alpes pour longtemps... »). Ne jamais dire : « Partir pendant longtemps ».

Évitez de dire : C'est **prévu à** Noël prochain...
Dites plutôt : C'est **prévu pour** Noël prochain...
Quand on **prévoit** quelque chose, c'est forcément **pour** plus tard (à une date annoncée). On prévoit **pour** l'avenir, pas « dans l'avenir ».

Évitez de dire : C'est produit **sur une grande échelle**...
Dites plutôt : C'est produit **à une grande échelle**...
Sur une grande échelle, les pompiers atteignent les 35 mètres. Sur l'échelle de Richter, les sismologues indiquent le degré d'intensité d'une secousse tellu-

rique. Mais, **à une grande échelle**, on évalue une réalisation de grande ampleur et/ou sur une vaste étendue.

Évitez de dire : **Vis-à-vis d'eux**, que faire ?
Dites plutôt : **À leur égard**, que faire ?
Vis-à-vis (à l'origine, « de visage à visage ») = en face de (« À table, la personne vis-à-vis de vous »). **À l'égard de, envers** = en ce qui concerne (« Je m'engage à l'égard de ces gens-là »).

Évitez de dire : **Avez-vous été** voter ?
Dites plutôt : **Êtes-vous allé** voter ?
« Avoir été » pour **être allé** : une faute ? Parfois, sans doute ! D'ailleurs, pourquoi le verbe **aller** (« J'y vais... J'y allais... J'y irai... », et donc « J'y suis allé... J'y étais allé... ») devrait-il, au passé, céder la place à **être** (« J'y ai été... J'y avais été... ») ? Nuance possible, disent les grammairiens : « Je suis allé hier à Nice » = « J'ai quitté un endroit pour m'y rendre » ; « J'ai été hier à Nice » = « J'y étais, je n'y suis plus ».

Évitez de dire : Amours, délices et, à l'église, **grands orgues...**
Dites plutôt : Amours, délices et, à l'église, **grandes orgues...**
Si **amour** et **délice** (masculins) ne deviennent

aujourd'hui féminins au pluriel que dans la langue littéraire (« les amours enfantines... »), **orgue** ne demeure masculin que lorsqu'il s'agit de plusieurs instruments (« Ces églises possèdent des orgues neufs »), mais on dira « les **grandes** orgues » pour désigner un seul instrument, l'orgue de tribune.

Évitez de chanter : « ... longtemps après que les poètes **aient** disparu... »
Chantez plutôt : « ... longtemps après que les poètes **ont** disparu... »
Logiquement, contre l'habitude répandue, la locution **après que** appelle l'indicatif, mode du réel : l'action a été, est ou sera accomplie (Charles Trenet chantait bien « ... ont disparu... »). Elle peut aussi induire le conditionnel (« Il irait après qu'on l'aurait voulu »). **Avant que** entraîne le subjonctif, mode du souhait, de l'attente, du doute (« Avant qu'ils n'aient disparu... »).

Évitez de dire : Eux **aussi** n'y sont pas.
Dites plutôt : Eux **non plus** n'y sont pas.
On emploie **aussi** (« également ») à la forme positive (« Vous le voulez, moi aussi »), et **non plus** à la forme négative (« Vous ne le voulez pas, moi non plus »).

Évitez de dire : Ils ont **aussi** peur **que** moi.

Dites plutôt : Ils ont **autant** peur **que** moi.
On emploie **aussi ... que** avec un adjectif ou un adverbe (« Elle est aussi avancée que lui », « Il est aussi bien qu'elle »), mais **autant ... que** avec un nom ou un verbe (« Elle a autant de références que lui », « Ils ont autant travaillé que nous »).

Évitez de dire : Ces avances ont l'air **sérieux**.
Dites plutôt : Ces avances ont l'air **sérieuses**.
Quand le sujet de **avoir l'air** est une chose : accord avec celle-ci, comme ici. Quand le sujet est une personne : accord selon l'intention (« Cette femme a l'air hautain/e » [a-t-elle l'air d'être hautaine, ou son air est-il hautain ?]). Avec un complément, **air** commande l'accord (« Elle a l'air hautain d'une aristocrate... »).

Évitez de dire : Trop de fautes, mais des qualités littéraires : **cela** est plus important que **ceci**.
Dites plutôt : Trop de fautes, mais des qualités littéraires : **ceci** est plus important que **cela**.
Ceci indique ce qui est le plus proche (les « qualités littéraires ») ; **cela**, ce qui est le plus éloigné (« trop de fautes »). Employés seuls, **ceci** appelle l'attention sur ce qui suit ; **cela**, sur ce qui précède (« Ceci est certain : vous allez gagner », « Que dites-vous de cela ? [après avoir fait une proposition] »).

Évitez de dire : Il a des revenus supérieurs **à** son père.
Dites plutôt : Il a des revenus supérieurs **à ceux de** son père.
Ne comparons que ce qui est comparable !

Évitez de dire : **Ce sont** nous qui le ferons.
Dites plutôt : **C'est** nous qui le ferons.
Entre **c'est** et **ce sont**, ne nous disputons pas pour savoir quel est le meilleur accord : avec le sujet réel ou le sujet apparent... Dans l'expression d'une quantité, employons le singulier (« Ce sera dix heures de travail en plus »). Autrement : « Ce sont mes amis » vaut « C'est mes amis ».

Évitez de dire : **La plupart** des gens **est** partie,
et la **bande de rigolos paraissent**.
Dites plutôt : **La plupart** des gens **sont** partis,
et **la bande de rigolos paraît**.
Avec **la plupart de, quantité de, nombre de, beaucoup de, peu de, trop de...** : verbe au pluriel (le complément commande l'accord). **Foule, troupe, majorité, minorité**, ou **dizaine, centaine, millier** : si ce collectif est précédé de l'article **un(e)**, le verbe s'emploie au singulier ou au pluriel, selon que c'est le collectif ou son complément qui doit frapper l'esprit (« Une foule d'étudiants est dans la rue », « Une centaine d'hommes ont payé de leur vie cette

folie ») ; si ce collectif est précédé de l'article **le** ou **la**, d'un démonstratif ou d'un possessif, le verbe est au singulier (« La foule des étudiants est dans la rue », « Cette bande de loulous est connue »).

Évitez de dire : Ils **ont convenu de** (quelque chose).
Dites plutôt : Ils **sont convenus de** (quelque chose).
Quand **convenir** signifie « être approprié, adapté », il se conjugue toujours avec **avoir** (« Cela nous a bien convenu »). En revanche, quand il veut dire « tomber d'accord, reconnaître », il se conjugue, en langage châtié, avec **être** (« Nous sommes convenus de notre erreur, et de faire désormais attention ») ; en langage courant, « avoir » est admis.

Évitez de dire : Trois chattes **blanches et noires**...
Dites plutôt : Trois chattes **blanc et noir**...
Des chattes **blanc et noir** ont un pelage fait de blanc et de noir. Des « chattes blanches et noires » signifierait que certaines sont blanches et d'autres noires.

Évitez de dire : **Croyez**-vous **en** son récit ?
Dites plutôt : **Croyez**-vous **à** son récit ?
Croire quelqu'un, quelque chose = tenir pour vrai ce qu'il exprime (« Il croit l'inspecteur, il croit son rapport »). **Croire à** = se fier ; prêter un pouvoir (« Il croit à l'astrologie, aux médecines douces et au Père

Noël »). **Croire en** = reconnaître un être surnaturel, avoir confiance (« Croire en Dieu » – mais « Ne croire ni à Dieu ni à diable » –, « Croire en la médecine ») ; devant un article défini, on emploie **dans** (Il croit dans le Grand Architecte »).

Évitez de dire : Les mains **derrière** le dos...
Dites plutôt : Les mains **dans** le dos...
En fait, les mains sont devant le dos, lequel est à l'arrière de la personne. La préposition **dans** est à peine préférable. En fait, on devrait dire « contre le dos ». Mais on dit « les mains sur le ventre »... Tout cela prouve que la langue ne peut pas tout face aux exigences de la logique.

Évitez de dire : Le mot est **sur le dictionnaire**...
Dites plutôt : Le mot est **dans le dictionnaire**...
Sur le dictionnaire, il y a la couverture. C'est **dedans**, en le consultant, que l'on trouve une définition. Il est aussi mieux de dire : « ... dans le journal », plutôt que « ... sur le journal ».

Évitez de dire : Le trafic **sous le tunnel**...
Dites plutôt : Le trafic **dans le tunnel**...
On n'entre pas « sous un tunnel » – ce serait où ? – mais **dans** un tunnel.

Évitez de dire : Les studios **d'Hollywood**...
Dites plutôt : Les studios **de Hollywood**...
Avec les prénoms et les noms propres anglo-saxons, germaniques ou translittérés de l'arabe commençant par un *h*, mieux vaut ne pas faire l'élision (« Les romans de Henry Miller... », « Les crimes de Hitler... », « Le ghetto noir de Harlem... », « La tentative de Hussein... »). Mais on la fait avec les noms propres français commençant par un *h*. (« L'abjuration d'Henri IV »).

Évitez de dire : Au train **d'onze** heures...
Dites plutôt : Au train **de onze** heures...
On n'élide pas **le**, **la**, **de**, **que** devant **onze** et **onzième** (« Le Onze de France... », « Il n'y en a que onze », « La onzième heure... »). Deux exceptions : « la dame-d'onze-heures » et « le bouillon d'onze heures ». Même règle pour **huit**, mais sans exception.

Évitez de dire : À **l'âge de pierre**...
Dites plutôt : À **l'âge de la pierre**...
L'âge du fer, l'âge du bronze... : époques où ces matériaux furent utilisés, et non âges forgés dans le fer ou le bronze.

Évitez de dire : Voici des œuvres **du Titien** et **de Caravage**.

Dites plutôt : Voici des œuvres **de Titien** et **du Caravage.**

Règle générale : ni **le** ni **du** pour les artistes italiens dont le nom français est la simple traduction du prénom ou du patronyme : le peintre italien Tiziano Vecellio = Titien, et non « le Titien » ; le sculpteur Gian Lorenzo Bernini = Bernin, et non « le Bernin »... En revanche, quand le nom français vient du surnom des artistes, **le** ou **du** s'impose : Michelangelo Merisi, dit il Caravaggio = **le** Caravage ; Iacopo Robusti, dit il Tintoretto = **le** Tintoret.

Évitez de dire : Avez-vous lu **de La Rochefoucauld** ?
Dites plutôt : Avez-vous lu **La Rochefoucauld** ?

En principe, la particule **de** s'omet devant un nom comprenant plusieurs syllabes et que ne précèdent ni prénom, ni titre, ni grade (« Les familles La Trémoille et La Tour Maubourg... »). Mais on la maintient devant un nom commençant par une voyelle ou un *h* muet (« Avez-vous lu d'Ormesson ? »), ou ne comprenant qu'une syllabe sonore (« Avez-vous lu de Gaulle ? »). On n'omet jamais les particules **du** et **des** (« La poésie de Du Bellay », « Les batailles de Du Guesclin »).

Évitez de dire : La Cité radieuse **du Corbusier**...
Dites plutôt : La Cité radieuse **de Le Corbusier**...

Les articles **Le** ou **La** comme éléments de noms de personnes doivent être maintenus après la préposition **de**. Dans les dictionnaires ou les index, ces noms sont d'ailleurs répertoriés à la lettre *L*.

Évitez de dire : Le TGV arrive **à Le Mans**.
Dites plutôt : Le TGV arrive **au Mans**.
Les noms de villes commençant par **Le** ou **Les** perdent ces articles définis au profit des articles contractés **du**, **des**, **au**, **aux** (Le Mans et Les Andelys : « les mairies du Mans et des Andelys »). Sans possibilité de contraction, **La** se maintient (« La mairie de La Baule... »). À noter que ces noms de villes ne sont pas répertoriés à la lettre *L* dans les dictionnaires, mais à l'initiale de leur élément principal (« Mans [Le] »). L'annonce de la SNCF « Notre TGV arrive à Le Mans » est une conséquence des « progrès » de l'informatisation : la voix synthétique utilisée n'a pas intégré les subtilités de la règle !

Évitez de dire : En direct **depuis** Kaboul...
Dites plutôt : En direct **de** Kaboul...
Depuis = origine dans le temps ; **de** = origine dans l'espace (« Depuis l'Antiquité, c'est ainsi, et c'est de Harvard qu'on nous l'assure »). Mais on dira bien : « **Depuis** Paris **jusqu'à** Nice. »

Évitez de dire : **Merci pour** m'avoir écouté.
Dites plutôt : **Merci de** m'avoir écouté.
Merci devant un nom : prépositions **pour** ou **de** ; devant une forme verbale : toujours **de**. (« Merci de/pour vos fleurs, et merci d'être venu »).

Évitez de dire : Pourquoi nous **contredites**-vous ?
Dites plutôt : Pourquoi nous **contredisez**-vous ?
Cette anomalie est une règle ! Alors que **dire** et **redire** font « Vous dites... Vous redites... », les dérivés **contredire**, **dédire**, **interdire**, **médire** et **prédire** font, à la 2e personne du pluriel du présent de l'indicatif et de l'impératif, leur terminaison en *-isez*. **Maudire** donne « Vous maudissez ».

Évitez de dire : C'est **de cela dont** nous raffolons.
Dites plutôt : C'est **de cela que** nous raffolons.
De cela et **dont** feraient double emploi. Mais on peut dire : « C'est cela dont nous raffolons » ou « Cela, nous en raffolons ».

Évitez de dire : Il **n'**y a **plus** de risques **et** de craintes !
Dites plutôt : Il **n'**y a **plus** de risques **ni** de craintes !
Dans une proposition négative, la conjonction **ni** s'impose, comme **et** dans une proposition affirmative. On pourrait aussi dire : « Il n'y a plus ni risques ni craintes ».

Évitez de dire : Le train de **neuf heures zéro sept** [9 h 07] est à quai.
Dites plutôt : Le train de **neuf heures sept** est à quai.
Ne pas prononcer ce **zéro**, qui s'est imposé à l'écrit sous l'influence des horaires de chemins de fer en colonnes (les mesures de temps n'appartiennent d'ailleurs pas au système décimal). Espérons qu'on ne dira jamais : « Nous étions le zéro un zéro neuf deux mille deux », mais toujours : « ... le premier septembre deux mille deux » (1er septembre 2002).

Évitez de dire : C'est l'objet le plus beau que nous **n'ayons jamais** vu.
Dites plutôt : C'est l'objet le plus beau que nous **ayons jamais** vu.
La négation avec ce subjonctif est fautive, parce que **jamais**, ici, a le sens positif de « en un temps quelconque ». Mais, à l'indicatif, « Nous n'avons jamais vu cela ».

Évitez de dire : C'est là qu'ils sont **les plus** à l'aise.
Dites plutôt : C'est là qu'ils sont **le plus** à l'aise.
Comparaison ou pas ? Si oui, on dira, à la suite d'un féminin ou d'un pluriel, **la plus, les plus**... Sinon, on emploiera **le plus**, superlatif (« C'est elle la plus douée [en comparaison des autres], et c'est le

moment où sa prestation est le plus appréciée [au plus haut point] »).

Évitez de dire : C'est **moi**, le secrétaire, **qui** demain en **parlera.**
Dites plutôt : C'est **moi**, le secrétaire, **qui** demain en **parlerai.**
Le risque est de prendre **qui** pour une 3e personne, alors qu'il revêt la personne de son antécédent. Qui est-ce qui parlera ? Réponse, ici : « moi » (1re personne du singulier) – « secrétaire », en apposition, ne peut commander l'accord.

Évitez de dire : Qui **passe outre les** interdictions ?
Dites plutôt : Qui **passe outre aux** interdictions ?
La préposition **à** (**au**, **aux**) est de mise ici. Mais **passer outre** s'emploie aussi sans complément, lequel est alors sous-entendu (« Des limitations sont fixées, mais on passe outre »).

Évitez de dire : **pallier à** quelque chose
Dites plutôt : **pallier** quelque chose
Verbe transitif direct, et barbarisme à la clé ! Nos erreurs de syntaxe, essayons de les pallier ; n'y pallions surtout pas !

Évitez de dire : Il a coupé **sa** joue en rasant **sa** barbe.

Dites plutôt : Il **s'**est coupé **la** joue en **se** rasant **la** barbe.

Si le sujet faisait l'action de raser sur un autre que lui-même, on dirait : « Il lui a coupé la joue en lui rasant la barbe ». Mais on dira : « Il a tiré son stylo de sa poche » (les deux lui appartiennent, mais ne le constituent pas).

Évitez de dire : De **soi-disant** difficultés...

Dites plutôt : De **prétendues** difficultés...

Soi-disant (adjectif invariable, ancien participe présent de **se dire**) = qui se dit tel. Donc à réserver aux personnes, qui seules peuvent « se dire » (Comme adverbe : « Il est venu soi-disant [censément] pour parler »). **Prétendu** = qui passe pour ce qu'il n'est pas (« La soi-disant diva s'attaque à de prétendus chefs-d'œuvre »).

Évitez de dire : Ce papier, **confiez-nous-le**.

Dites plutôt : Ce papier, **confiez-le-nous**.

Si deux pronoms personnels se suivent, le complément direct (ici, **le**) vient avant l'indirect (ici, **nous**). On ne peut dire : « Donnez-lui-le », mais bien : « Donnez-le-lui ».

Évitez de dire : Toi, lui et moi **sont** prêts.

Dites plutôt : Toi, lui et moi **sommes** prêts.

Règle d'accord d'un verbe ayant comme sujets deux ou trois pronoms personnels : le verbe s'accorde toujours au pluriel, et la 1re personne s'impose sur les deux autres pour commander cet accord, puis la 2e sur la 3e. Ainsi : « Lui et moi y sommes », « Toi et elle y êtes », « Vous et eux serez attendus ».

Évitez de dire : **Si** vous le dites et **qu**'il le **veut**...
Dites plutôt : **Si** vous le dites et **qu**'il le **veuille**...
Ici, double condition (« Si vous le dites et s'il le veut »), mais **qu'** remplace le second **si** et appelle le subjonctif (mode du doute).

Évitez de dire : Ils **se départissent** de leur calme.
Dites plutôt : Ils **se départent** de leur calme.
Se départir ne se conjugue pas comme **finir** (2e groupe, participe présent en *-issant*), mais comme **partir** (3e groupe, participe présent en *-ant*) : « Je me dépars... départais... départirai... En me départant... »

Évitez de dire : Vous vous **en rappelez** ?
Dites plutôt : Vous vous **en souvenez** ?
Il n'y a pas que des rappels dans la vie, il y a aussi des souvenirs ! Et il est bien de faire la différence entre **(se) rappeler** (transitif direct) et **se souvenir** (verbe pronominal à construction indirecte). On

dira donc : « Puisque vous vous souvenez de cela, je vais vous rappeler ceci... »

Évitez de dire : Cela nous a **stupéfaits.**
Dites plutôt : Cela nous a **stupéfiés.**
On peut être **stupéfait de** quelque chose (le mot est alors adjectif) [« Nous restons stupéfaits de tant d'audace »], mais l'on est **stupéfié par** (participe passé du verbe **stupéfier**)... Le verbe « stupéfaire » n'existe pas.

Évitez de dire : **Tant sur le plan** de l'art que de la science...
Dites plutôt : **Sur le plan tant** de l'art que de la science...
À comparer avec : « Du point de vue tant de l'art que de la science... ».

Évitez de dire : Rapportons les choses **telles que.**
Dites plutôt : Rapportons les choses **telles quelles.**
Dire les choses **telles quelles**, c'est les présenter telles qu'elles sont (« On a rapporté ses propos tels quels... »). La locution relative **tel que** ne s'emploie que devant un verbe (« Voici nos projets tels que nous les lançons »).

Évitez de dire : Vous êtes **l'un de ceux qui jouerez.**
Dites plutôt : Vous êtes **l'un de ceux qui joueront.**

Quel est le sujet du verbe **jouer** ? Pas « Vous » (sujet de « êtes »), pas non plus « un », attribut de « Vous ». C'est donc **qui**, mis pour « ceux » (3e personne du pluriel). Même recherche du sujet avec **celui/celle qui** : « Vous êtes celle qui partira », et non « ... qui partirez ».

Évitez de dire : Henri IV, l'**un des** rois **qui a** le plus compté.
Dites plutôt : Henri IV, l'**un des** rois **qui ont** le plus compté.
Ici, le sujet du verbe **compter** est le pronom relatif **qui**, mis pour « rois », et non pour « l'un ». (On cite un roi parmi ceux qui ont compté le plus.) Attention ! le singulier peut être induit par le sens (« ... l'un des coureurs du Tour, qui n'est pas comme les autres » – un seul dans un ensemble désigné : il n'est pas comme les autres ; d'où, à l'écrit, la virgule).

Évitez de dire (liaison) : J'ai perdu **vingts** *z*-euros, puis **cents** *z*-euros.
Dites plutôt : J'ai perdu **vingt** *t*-euros, puis **cent** *t*-euros.
Avec l'euro, la règle de **vingt** et **cent** s'entend. Donc, c'est seulement quand ces deux adjectifs numéraux sont précédés d'un multiplicateur et non suivis d'un autre chiffre, que l'on fait entendre le *s* qu'ils

prennent alors : « Quatre-vingts z-euros... Deux cents z-euros... » !

Évitez de dire : **Voici** ce que nous avons fait, **voilà** ce que nous allons faire.
Dites plutôt : **Voilà** ce que nous avons fait, **voici** ce que nous allons faire.
Voici = introduit ce qui est proche ou va se produire ; **voilà** désigne ce qui est plus éloigné ou a eu lieu. (Voir « ceci/cela ».)

Des mots... et des dérives

Mesurons nos paroles

barbarismes, pléonasmes, cuirs, terminologies obsolètes et autres malfaçons... Tout cela menace notre expression orale et, à l'occasion, s'installe jusque sur certains médias. La communication – tellement prisée en notre temps – en est souvent altérée. Quant aux effets sur l'écrit, ils ne sont plus à prouver. Alors, avons-nous envie de réagir – ensemble – et de nous opposer à la déliqucscence des mots ? Il y va non d'un quelconque purisme, mais tout bonnement de notre emploi commun, communautaire, du vocabulaire de tous les jours.

Évitez de dire : à Dieu **va**
Dites plutôt : à Dieu **vat**
Dans cette expression figée – pour « À Dieu il va » –, le *t* doit s'entendre.

Évitez de dire : **aréo**plane, **aéro**page
Dites plutôt : **aéro**plane, **aréo**page
Attention à la prononciation ! **Aéroplane** (du grec *aeros*, « air », et de « planer ») ; **aréopage** (du grec *Areios pagos*, « la colline d'Arès », le dieu de la Guerre – Mars chez les Romains).

Évitez de dire : à la bonne **flanquette**
Dites plutôt : à la bonne **franquette**
Faire quelque chose (par exemple, recevoir à sa table) **à la bonne franquette**, c'est s'en acquitter franchement, en toute simplicité, sans façon. Jadis, on disait : « à la franquette ».

Évitez de dire : à la fortune du **pauvre**
Dites plutôt : à la fortune du **pot**
Inviter **à la fortune du pot**, c'est le faire sans avoir rien préparé de spécial : on proposera ce qui reste dans le pot...

Évitez de dire : **en** égard à
Dites plutôt : **à** l'égard **de** ou **eu** égard **à**

Exemple : « À l'égard de nos amis », « Eu égard aux événements » [= en tenant compte de ceux-ci].

Évitez de dire : **alias** (devant le nom véritable).
Dites plutôt : **alias** (devant le surnom).
Mot latin signifiant « autrement », **alias** annonce un pseudonyme, plus connu que le nom de famille (« Jean-Baptiste Poquelin, alias Molière » ; dans *la Comédie humaine*, de Balzac : « Jacques Collin, alias Vautrin, alias Carlos Herrera »). On dira donc : « Jean-Philippe Smet, alias Johnny Hallyday », et non l'inverse.

Évitez de dire : **aller croissante**
Dites plutôt : **aller croissant**
« Les performances iront croissant » – participe présent de **croître** (donc invariable), et non adjectif verbal (« croissante »).

Évitez de dire : l'**apanage exclusif**
Dites plutôt : l'**apanage**
Apanage désigne ce qui appartient en propre à une personne physique ou morale. Lui ajouter « exclusif » n'a pas de sens (« Le transport ferroviaire est, en France, l'apanage de la SNCF »).

Évitez de dire : arriver **comme mars en carême**
(au sens de « au mauvais moment »)
Dites plutôt : arriver **comme mars en carême**
(au sens de « juste à propos »)
Mars tombe toujours pendant le carême. De la même façon « marée en carême » est acceptable si l'on se rappelle que, la viande étant jadis interdite durant le carême, la marée apportait opportunément du poisson.

Évitez de dire : **être atteint par la limite** d'âge
Dites plutôt : **atteindre la limite** d'âge
On cherche à atteindre – ou on atteint – une limite, mais celle-ci, qui est fixe, ne peut nous atteindre. Et pourtant, « être atteint » (touché) par cette fameuse limite figure dans la plupart des discours de départ à la retraite.

Évitez de dire : **au jour d'aujourd'hui**
Dites plutôt : **aujourd'hui**
Aujourd'hui est déjà un pléonasme, mais légitimé dans la langue (*hui* = le jour présent). « Au jour d'aujourd'hui » fait donc figure, pour le coup, de double pléonasme, qui n'a de place que dans un registre plaisant ou ironique.

Évitez de dire : au **grand maximum**
Dites plutôt : au **maximum**

« Au grand maximum » est un méchant pléonasme. Impossible de maximaliser ce qui est déjà au plus haut degré (superlatif). Attention ! comme adjectifs, mieux vaut employer **maximal**, **minimal**, **optimal** que « maximum », « minimum », « optimum » (« Une étude optimale... », « Des efforts maximaux... »).

Évitez de dire : aux **quatre coins** de l'Hexagone
Dites plutôt : aux **six coins** de l'Hexagone
Mais on peut dire : « aux quatre coins de la France métropolitaine ».

Évitez de dire : **risquer** de gagner
Dites plutôt : **avoir des chances** de gagner
C'est seulement au sens statistique que le mot **chance** n'est ni positif ni négatif. Dans le langage courant, mieux vaut dire : « **avoir des chances** de gagner, de réussir, d'être heureux, de survivre » et « **risquer** (ou avoir des risques) d'échouer, de se blesser, de mourir... ».

Évitez de dire : **Walkman**
Dites plutôt : **baladeur**
Sans paraître « ringard », on peut aujourd'hui se dispenser d'employer le nom déposé Walkman. **Baladeur** (appareil portatif n'empêchant pas de « se bala-

der ») s'est imposé, au point que de grandes surfaces ont un rayon « Baladeurs ».

Évitez de dire : Les festivités **battent son plein.**
Dites plutôt : Les festivités **battent leur plein.**
Le 14 Juillet, même si leur niveau sonore est maximal, les bals populaires ne battent pas « son plein », mais bien **leur plein**. L'expression vient de « La mer bat son plein » (est haute).

Évitez de dire : des **bonhommes**
Dites plutôt : des **bonshommes**
Attention, avec ce pluriel, à bien faire entendre le *s*.. Comme dans **gentilshommes**. Non, le colonel ne commande pas « deux cents bonhommes » !

Évitez de dire : un but à **poursuivre**
Dites plutôt : un but à **atteindre**, à **viser**
S'il faut « poursuivre un but » pour l'atteindre, c'est qu'il s'éloigne. Mais le propre d'un but n'est il pas d'être fixe ?

Évitez de dire : une **cantatrice d'opéra**
Dites plutôt : une **cantatrice**
On dit : « Un chanteur d'opéra », mais rarement « Une chanteuse d'opéra ». On préfère **cantatrice**. Jamais « Une cantatrice d'opéra » !

Évitez de dire : se **carapaçonner**
Dites plutôt : se **caparaçonner**
Non, il ne faut pas se « carapaçonner » mais se **caparaçonner** contre les coups, au sens propre comme au figuré ! C'est se protéger, à l'image du cheval, en tauromachie, qui porte un **caparaçon** (manteau-armure). La confusion est due à l'attraction du mot **carapace**.

Évitez de dire : un **caroussel**
Dites plutôt : un **carrousel**
Prononciation comme avec un *z*.

Évitez de dire : une **casserolette** (d'escargots...)
Dites plutôt : une **cassolette**
Vu et entendu dans certains restaurants, ce « casserolette », qui n'existe même pas pour désigner une petite casserole ! Mais le petit récipient dans lequel on fait cuire un mets est une **cassolette**.

Évitez de dire : un **mauvais cauchemar**
Dites plutôt : un **cauchemar**
Dans **cauchemar**, il y a ***mare*** (de *mare*, mot néerlandais signifiant « fantôme nocturne »). Cela suffit pour faire d'un cauchemar un mauvais rêve, au sens de « pénible, angoissant, effrayant ».

Évitez de dire : **ceci dit**

Dites plutôt : **cela dit**
Ceci annonce ce qui suit (« Lisez bien ceci : c'est le procès-verbal »), alors que **cela** renvoie à ce qui vient d'être exprimé (« Cela dit [Cela étant], revenons à nos moutons »).

Évitez de dire : c'est **de la faute de... -à...**
Dites plutôt : c'est **la faute de...**
Ce « de... de... » comme ce « à » sont à proscrire. Par ailleurs, préférer « Ce qui arrive, c'est ma faute » à « ... c'est de ma faute ». Mais : « C'est de ma responsabilité ».

Évitez toujours de dire : **challenge**
Dites aussi : **défi**
Rien n'oblige à prononcer **challenge** à l'anglaise [tchalaindje] : c'est un mot français (signifiant « débat ») qui a émigré outre-Manche. On peut aussi – mais pas au sens de « compétition » – le remplacer par **défi** (« On relève un défi, on dispute un challenge »).

Évitez de dire : **coie**
Dites plutôt : **coite**
Coi vient de *quiet*, mais le *t* n'a subsisté qu'au féminin (« Il se tient coi ; elle demeure coite »).

Évitez de dire : **comme par exemple**

Dites plutôt : **comme** ou **par exemple**
Ainsi, on évitera la tournure pléonastique « Voici des pays qui, comme par exemple la France, forment la vieille Europe », au profit de « ... des pays qui, comme la France, forment... » ou « ... des pays, par exemple la France, qui forment... »

Évitez de dire : **débuter** quelque chose
Dites plutôt : **commencer** quelque chose
On **débute** (verbe intransitif) dans la vie, dans une carrière... Mais on **commence** (verbe transitif direct) ses gammes.

Évitez de dire : **contreverse**
Dites plutôt : **controverse**
C'est l'attraction de **contre** qui pousse à mal prononcer ce mot (du latin *controversia*, « litige »).

Évitez de dire : la **cour d'assises** de Lille
Dites plutôt : la **cour d'assises** du Nord
Ne jamais parler de la cour d'assises d'une ville mais toujours... de la cour d'assises d'un département. En revanche : « La cour d'appel de Lille... de Bordeaux... de Lyon... »

Évitez de toujours dire . **e-mail**
Dites aussi : **courriel, mél**

Outre **mél** (abréviation de messagerie électronique) on peut employer le québécisme **courriel**.

Évitez de dire : **de chaque**
Dites plutôt : **de chacun**
« ... Uni ou à motifs ? – Dix rouleaux de chacun. » Et non « de chaque ». Mais « Dix rouleaux de chaque papier ».

Évitez de dire : **déclaration d'impôt**
Dites plutôt : **déclaration de revenus**
C'est abusivement que l'on prétend « remplir sa déclaration d'impôt ». Ce qui est déclaré, ce sont les revenus, sur une **déclaration des revenus**. L'administration fiscale, elle, adresse en retour un « avis d'imposition ».

Évitez de dire : **de façon, de manière à ce que**
Dites plutôt : **de façon, de manière (que)**
Ici, ajouter « à ce » – erreur fort courante – ne fait qu'alourdir la locution. On dira : « Parlons clairement, de manière que nous nous comprenions. »

Évitez de dire : **déguingandé**
Dites plutôt : **dégingandé**
Prononciation :[**jin**.]

Évitez de dire : degré **centigrade**
Dites plutôt : degré **Celsius**
La Conférence générale des poids et mesures de 1948 (ce n'est pas d'hier !) a imposé **Celsius** (nom du physicien suédois créateur de l'échelle centésimale), à la place de « centigrade », pour les degrés thermiques. Mais la graduation Fahrenheit subsiste...

Évitez de dire : un **délai rapide**
Dites plutôt : un **délai court**
Un délai – donnée objective – est un laps de temps plus ou moins long, mais ni rapide ni lent. C'est ce qui est attendu dans ce délai qui se révélera plus ou moins rapide (« Un délai court pour un examen rapide »).

Évitez de dire : **de quelle part ?**
Dites plutôt : **de la part de qui ?**
S'en souvenir au téléphone !

Évitez de dire : **de mal en pire, de pire en pire, tant pire**
Dites plutôt : **de mal en pis, de pis en pis, tant pis**
Jamais « pire » dans ces locutions ! En fait, **pis** (« plus mal ») s'oppose à **mieux** (« De mieux en mieux/De pis en pis »). **Pire** = plus mauvais (« Un texte pire qu'un autre »).

Évitez de dire : la **dépouille**
Dites plutôt : la **dépouille mortelle**
« La dépouille d'un sanglier », ça va. Mais pour un cadavre humain : la **dépouille mortelle.**

Évitez de dire : **derechef** pour **aussitôt**
Dites plutôt : **derechef** pour de **nouveau**
Plutôt employé sur le mode plaisant (« Je vous le dis derechef, mon cher » une nouvelle fois).

Évitez de dire : **droit de réserve**
Dites plutôt : **devoir, obligation de réserve**
Les fonctionnaires sont tenus au **devoir de réserve.** Certains, imités par des journalistes, se laissent aller à évoquer leur « droit de réserve ». Quel droit ? Ils n'ont que celui de se taire, tant que leur hiérarchie ne les autorise pas à parler.

Évitez de dire : une **dune de sable**
Dites plutôt : une **dune**
Définition de **dune** dans le *Petit Larousse* : « Monticule, colline de sable... » Alors, le mot se suffit.

Évitez de dire : **les élections présidentielles**
Dites plutôt : **l'élection présidentielle**
On dit : « Les élections législatives... les municipales, les cantonales, les régionales, les européennes... »

Mais il faut dire : « L'élection présidentielle... La présidentielle... » Une seule élection – certes à deux tours – pour élire un seul président !

Évitez de dire : **en cinq sept, en cinq sets**
Dites plutôt : **en cinq sec**
Attention à la prononciation ! **En cinq sec (adverbe)** = « très rapidement », comme si l'on jouait en cinq points sec, c'est-à-dire, au jeu de l'écarté, en une seule manche de cinq points (« Faire à manger en cinq sec. »).

Évitez de dire : **en définitif**
Dites plutôt : **en définitive**
En définitive, rien n'est jamais définitif...

Évitez de toujours dire : **par contre**
Dites aussi : **en revanche**
Ces deux locutions ont droit de cité, **par contre** ne faisant plus figure de barbarisme (« J'ai perdu cette partie ; en revanche, j'ai gagné la suivante » ; « Il a perdu son père à la guerre de 14 ; par contre, il est revenu de celle de 40 » – ici, **en revanche** serait malvenu).

Évitez de dire : **entre chaque...**
Dites plutôt : **entre deux..., entre les...**

Dérive de l'usage, aux dépens du sens... On ne peut placer un élément qu'**entre deux** autres, ou **entre les** autres, pas entre chacun d'eux (« L'écart entre deux commémorations... », « La distance entre les arbres... »).

Évitez de dire : une **épingle à nourrice**
Dites plutôt : une **épingle de nourrice**
À éviter autant que « la voiture à mon père » !

Évitez de dire : une **erreur involontaire**
Dites plutôt : une **erreur**
Si l'erreur est volontaire, ce n'est plus une erreur ! Mais on dit cela parfois d'un air entendu, comme « des paroles verbales ».

Évitez de dire : **ès** suivi d'un nom singulier
Dites plutôt : **ès** suivi d'un nom pluriel
La préposition **ès** (« docteur ès sciences... ») n'est pas absente du langage courant. Attention ! c'est la contraction de **en les** (« Une sorte de spécialisation ès animaux », et non « ès animal »).

Évitez de dire : **un espèce de...**
Dites plutôt : **une espèce de...**
Ce nom féminin doit le rester devant un complément

masculin (« Une espèce de roman... Une espèce de journal... », comme « Une espèce de revue... ») !

Évitez de dire : le **bas étiage**
Dites plutôt : l'**étiage**
L'**étiage** est « le niveau moyen le plus bas d'un cours d'eau ». Il ne peut donc être ni haut ni « bas ». En période d'inondation, le niveau des eaux peut s'élever très au-dessus de l'étiage, c'est tout.

Évitez de dire : **fine prête**
Dites plutôt : **fin prête**
Laissons ici l'adjectif **fin** jouer un rôle d'adverbe, donc invariable. « Des femmes fin prêtes... », comme « court vêtues... » !

Évitez de dire : une chose **flambant neuf**
Dites plutôt : une chose **flambant neuve**
Une chose qui flambe (participe présent : « flambant ») comme si elle était neuve...

Évitez de toujours dire : **best of**
Dites aussi : **florilège**
Florilège (du latin *flos*, « fleur », et *legere*, « recueillir ») = sélection de morceaux choisis, comme pour un bouquet. C'est un joli mot français apte à remplacer,

dans bien des situations, « best of ». Pourquoi pas « un florilège des meilleures émissions de l'année » ?

Évitez de dire : **frais moulu** d'une école
Dites plutôt : **frais émoulu** d'une école
Au féminin : « fraîche(s) émoulue(s) ». **Émoulu** : de **émoudre**, « aiguiser ». Rien à voir avec « moudre » !

Évitez de dire : **franchir la ligne jaune**
Dites plutôt : **franchir la ligne blanche**
Depuis quand n'y a-t-il plus de lignes jaunes sur les routes ? Il serait enfin temps de ne pas **franchir la ligne blanche** (au figuré : « ne pas aller au-delà de ce qui est toléré »).

Évitez de dire : **frustre**
Dites plutôt : **fruste**
Par contre, **rustre** et **frustrer**...

Évitez de dire : le **gaz de ville**
Dites plutôt : le **gaz naturel**
Si l'on est raccordé au réseau, on reçoit du **gaz naturel**. Le gaz de ville (par distillation de la houille), c'est une vieille histoire !

Évitez de dire : les **gardes mobiles**
Dites plutôt : les **gendarmes mobiles**

Non, en France, plus de « gardes mobiles » – terme trop souvent entendu « dans le poste » – pour faire face à une manifestation ! Mais des **gendarmes mobiles** (gendarmerie mobile).

Évitez de dire : une **grande messe**
Dites plutôt : une **grand-messe**
Ce mot, emprunté à la liturgie catholique, s'emploie désormais pour désigner des rassemblements solennels profanes (« La grand-messe annuelle du parti... », « Cette réunion fut une grand-messe... »). Mais jamais « grande messe » !

Évitez de dire : **génycologue**
Dites plutôt : **gynécologue**
On veillera, dans la conversation, à ne pas déformer ce mot (du grec *gunê*, « femme », et *logia*, « théorie »).

Évitez de dire : **l'handicap**
Dites plutôt : **le handicap**
« Probablement de *hand in cap*, "main dans le chapeau" » (*Petit Robert*), **handicap**, tout comme **handicaper**, se passerait bien de l'élision, trop courante, du mot qui le précède. Il faut dire : « Le handicap... Ce handicap... », et non : « L'handicap... Cet handicap... ». (Le pire : « Les *z*-handicaps... Les *z*-handicapés... »).

Évitez de dire : **l'haricot ; le hiatus**
Dites plutôt : **le haricot ; l'hiatus**
Allons ! disons toujours : « Le haricot... Ce haricot... » (*h* aspiré). Évidemment aussi : « Les/ haricots », et non : « Les *z*-haricots ». Mais le *h* de **hiatus** est muet (« L'hiatus... Cet hiatus... »). Pour **hyène** (*h* muet en principe), l'élision est devenue facultative. Pierre Loti n'avait-il pas déjà écrit *La Hyène enragée* ?

Évitez de dire : un **hasard imprévu**
Dites plutôt : un **hasard**
Hasard imprévu ? Si un hasard pouvait être prévu, il deviendrait une quasi-nécessité.

Évitez de dire : la **fourchette haute**
Dites plutôt : le **haut de la fourchette**
Un Premier ministre qui, à la télévision, situe une donnée « dans une fourchette haute », ça fait désordre. Bien sûr, il aurait dû nous dire « ... dans le haut de la fourchette », cette fourchette étant, en économie et en statistique, l'écart entre deux extrêmes dans une évaluation.

Évitez de dire : **hébreue** (au féminin)
Dites plutôt : **hébraïque**
Qu'il soit nom ou adjectif, **hébreu** n'a pas de féminin. Seules formes féminines : **juive** (personne)

et **hébraïque** (choses). [« La langue, la littérature hébraïques... »].

Évitez de dire : trois **heures sonnant**
Dites plutôt : trois **heures sonnantes**
Les heures ne sonnent pas, elles sont sonnées. Mais on pourra dire familièrement : « Je partirai à onze heures tapant. » Midi et minuit – masculins singuliers – donnent « Midi (minuit) sonnant ».

Évitez de dire : **hynoptiser**
Dites plutôt : **hypnotiser**
Comme hypnose.

Évitez de dire : **ignarde**
Dites plutôt : **ignare**
Du latin *ignarus*, **ignare** au masculin comme au féminin !

Évitez de dire : **Il y a péril en la demeure** (au sens de « danger pour la maison »)
Dites plutôt : **Il y a péril en la demeure** (au sens de « il faut agir sans tarder »)
Ici, **demeure** = « retard », et non « habitation ». Il faut donc agir sans tarder, tout retard constituant un péril (« Il y a péril en la demeure à ne pas bouger »).

Évitez de dire : **il en va de** votre succès
Dites plutôt : **il y va de** votre succès
Autre exemple : « Parlons mieux, il y va de notre langue maternelle... » Mais : « **Il en va** de même pour d'autres choses... »

Évitez de dire : **inclue**
Dites plutôt : **incluse**
Logique : **inclus** donne au féminin **incluse** (« Des pièces incluses dans le dossier... ») ; comme obtus = obtuse. Mais conclu, exclu = conclue, exclue.

Évitez de dire : **infractus**
Dites plutôt : **infarctus**
La syllabe « fract » arrive plus facilement sur la langue que « farct ». Mais **infarctus** vient du verbe latin *infarcire*, « farcir ». Un tissu vivant (comme le myocarde) atteint d'infarctus est **infarci**.

Évitez de dire : **influer** quelque chose
Dites plutôt : **influer sur** quelque chose
On **influence** quelqu'un ; on **influe sur** une situation.

Évitez de dire : **ingambe** pour **impotent**
Dites plutôt : **ingambe** pour **alerte**
Ingambe (de l'italien *in gamba*, « en jambe ») ne

signifie ni impotent, ni invalide, ni même unijambiste ; mais, au contraire, alerte, leste.

Évitez de dire : **initier** un travail
Dites plutôt : **commencer, entreprendre, mettre en route** un travail
Depuis toujours, on peut **s'initier, être initié** ou **initier** (quelqu'un) à un métier, à une pratique quelconque, ou bien à des secrets plus ou moins partagés (initiation). Mais **initier** au sens de « commencer » (dérive à partir de « prendre l'initiative de... ») est critiquable, et critiqué. Donc, on n'initiera pas une formation au saut à l'élastique. On l'entreprendra pour s'initier à cette pratique.

Évitez de dire : **soulever un lièvre**
Dites plutôt : **lever un lièvre**
La locution imagée **lever** (faire détaler) **un lièvre,** pour signifier la mise au jour d'une question embarrassante, voire compromettante, nous vient d'une pratique de chasse. Pas question, donc, comme on l'entend si souvent, de « soulever » ce pauvre animal !

Évitez de dire : **long comme un jour sans fin**
Dites plutôt : **long comme un jour sans pain**
Déformation à rejeter ! La situation évoquée, c'est, bien sûr, « un jour sans manger ».

Évitez de dire : un **maigret** de canard
Dites plutôt : un **magret** de canard
« Maigret », vu plus d'une fois dans des cartes de restaurants qui ne sont pas précisément des gargotes ! Or, celui qui lit parle...

Évitez de dire : une affection **maline**
Dites plutôt : une affection **maligne**
Malin (du latin *malignus*, « méchant ») a pour féminin **maligne**, comme **bénin** a pour féminin **bénigne** (« Une petite bande fort maligne... », « Une affection maligne... »). Au sens de « malicieuse », toutefois, on dit familièrement **maline**.

Évitez de dire : des **méandres sinueux**
Dites plutôt : des **méandres**
Le Méandre (*Maiandros*), fleuve sinueux d'Asie mineure, a donné le nom commun **méandre** (sinuosité) : attention au pléonasme !

Évitez de dire : **opposer son veto**
Dites plutôt : **mettre son veto**
Bien que certains dictionnaires répertorient « opposer un veto », il reste de loin préférable de tenir compte de l'étymologie de cette locution (en latin, *veto* = « je m'oppose »), et donc de ne pas « opposer une opposition ».

Évitez de dire : **mettre des bâtons dans les roues de quelqu'un**
Dites plutôt : **mettre des bâtons dans les roues à quelqu'un**
La forme « les roues de quelqu'un » ne pourrait convenir que si celui-ci avait des roues... « Mettre des bâtons dans les roues à un juge », par exemple, c'est susciter à son égard des embarras, des obstacles, pour contrecarrer ses investigations.

Évitez de dire : **mezzo voce** (pour « à mi-voix »)
Dites plutôt : **mezza voce**
À l'écrit, la coquille est fréquente dans cet italianisme. À l'oral, il arrive donc de douter. D'autant que joue l'attraction de *sotto voce*...

Madame, mademoiselle, évitez de dire : Bonjour, **mon colonel**.
Dites plutôt : Bonjour, **Colonel**.
Tradition : une femme n'emploie jamais « mon » en s'adressant à un officier. Ce **mon** – souvent présenté hâtivement comme l'abréviation de « monsieur » – est en fait un possessif, certes de déférence ou de subordination, mais quand même ! (Au sein de l'Église catholique, il « fonctionne » pourtant sans restriction : « Mon père... Ma sœur... ».) Dans la marine, il est carrément omis. Et, évidemment, dans aucune arme on

ne l'emploie à l'égard d'un subordonné. Les femmes intégrant désormais l'armée et la féminisation des titres étant acquise, dira-t-on : « Ma Générale » (noter que la générale n'est plus alors la femme du général) ? Non : cette marque de possession est jugée déplacée à l'égard des *officières* ! Gageons qu'elle disparaîtra aussi, un jour, face aux officiers...

Évitez de dire : un **monopole exclusif**
Dites plutôt : un **monopole**
Le monopole, par définition, élimine toute concurrence : il est donc forcément exclusif.

Évitez de dire : **montez en haut, descendre en bas**
Dites plutôt : **monter, descendre**
Mais l'on ne s'interdira pas de dire « monter là-haut », en désignant un point précis, plus élevé à atteindre.

Évitez de dire : **mou comme une chique**
Dites plutôt : **mou comme une chiffe**
Cette expression trouve son origine dans l'image du chiffon informe et mou, en tissu de mauvaise qualité, qui a donné **chiffe molle**.

Évitez de dire : Il a été **nominé** pour un prix.
Dites plutôt : Il a été **nommé** pour un prix.

L'anglicisme « nominé(e) » (de *to nominate*) a perdu de sa superbe depuis l'emploi répété de **nommé** aux Molières, aux Victoires de la musique, et même, par certains, aux Césars...

Évitez de dire : Ce n'est pas la **panacée universelle**.
Dites plutôt : Ce n'est pas la **panacée**.
Du grec *pan*, « tout », et *akos*, « remède », ce mot se passe bien, évidemment, de l'adjectif « universel » (« tout entier »).

Évitez de dire : par **coutumace**
Dites plutôt : par **contumace**
Bien prononcer [**on**] ! En droit, on appelle **contumax** un « accusé en état de contumace ».

Évitez de toujours dire : **sponsor, sponsoriser**
Dites aussi : **parraineur**, **parrainer**
Pour concurrencer l'anglicisme dans les médias, **parraineur** et **parrainer** semblent avoir le vent en poupe. Préférables, en tout cas, à « commanditaire » et « commanditer ».

Évitez de dire : **partisante**
Dites plutôt : **partisane**
« Partisante » est sinon un barbarisme, du moins un

mot très familier. Dire donc : « Des querelles partisanes... », « Partisanes et résistantes... ».

Évitez de dire : **pécunier**
Dites plutôt : **pécuniaire**
Qu'il qualifie un nom masculin ou féminin, l'adjectif est **pécuniaire** (du latin *pecunia*, « argent »). « Pécunier » n'existe tout simplement pas.

Évitez de dire : Elle est **perclue** de rhumatismes.
Dites plutôt : Elle est **percluse** de rhumatismes.
Masculin **perclus**, donc féminin **percluse**. (« Une génération percluse de douleurs »).

Évitez de dire : **périgrination**
Dites plutôt : **pérégrination**
Attention à la prononciation ! **Pérégrination** de l'ancien français *pérégrin*, « pèlerin ».

Évitez de dire : un **pire-aller**
Dites plutôt : un **pis-aller**
On dira, par exemple : « Il n'y a pas pire que les pis-aller » ou « Au pis-aller, on peut ne pas partir ».

Évitez de dire : un **faux prétexte**
Dites plutôt : un **prétexte**
Un **prétexte**, c'est une excuse « bidon ». Si lui-même

est faux, que reste-t-il ? Veut-on vraiment un qualificatif ? Alors, « un mauvais prétexte... ».

Évitez de dire : **prévoir à l'avance**
Dites plutôt : **prévoir**
Mais il n'y a plus vraiment de pléonasme si un adverbe (**très, peu, longtemps**...) modifie la locution (« Nous sommes obligés de prévoir, longtemps à l'avance, ces nouvelles demandes »).

Évitez de dire : un **projet d'avenir**
Dites plutôt : un **projet**
Les projets à remonter le temps, ça n'existe pas !

Évitez de dire : **tant qu'à**...
Dites plutôt : **quant à**...
Dire : « Quant à lui, il viendra » ; jamais : « Tant qu'à lui... » !

Évitez de dire : **rasé de frais**
Dites plutôt : **rasé de près**
On a le visage frais quand on est **rasé de près** !

Évitez de dire : du **roblochon**
Dites plutôt : du **reblochon**
La faute de prononciation n'est pas rare. Ce mot

vient du savoyard *reblocher*, « traire de nouveau une vache »

Évitez de dire : **réduire au maximum**
Dites plutôt : **réduire au minimum**
Réduire a le sens, ici, de « ramener au point le plus bas » (« Réduire les risques au minimum »). En revanche, on « les augmente au maximum ».

Évitez de dire : **rénumérer**
Dites plutôt : **rémunérer**
Voilà un cuir dû à l'attraction du mot « numéraire ». En fait, à l'origine de **rémunérer**, **rémunération**, le latin *munus*, « don ».

Évitez de dire : **renvoyer aux calendes**
Dites plutôt : **renvoyer aux calendes grecques**
Renvoyer (quelque chose) **aux calendes grecques** = repousser à une date qui ne viendra jamais. En effet, si, chez les Romains, on nommait « calendes » le premier jour des mois, les Grecs, eux, n'avaient pas de calendes. Pour s'épargner un non-sens, il faut donc ne jamais omettre « grecques ».

Évitez de dire : **réunir ensemble**
Dites plutôt : **réunir**

Peut-on réunir autrement qu'ensemble ? (Même remarque pour « comparer ensemble ».)

Évitez de dire : un **revolver à barillet**
Dites plutôt : un **revolver**
Un **revolver** (de l'anglais *to revolve*, « tourner ») ne peut être qu'à barillet (cylindre tournant contenant les projectiles). Un pistolet a son chargeur dans la crosse.

Évitez de dire : **répulser**
Dites plutôt : **révulser**
On dira (expression familière) : « Ça me révulse » (= « Ça me dégoûte »). Mais quand on est **révulsé,** on ressent une **répulsion** (réaction de dégoût, de rejet), et non une **révulsion** (congestion provoquée de la peau). Il n'y a pas de verbe « répulser ».

Évitez de dire : **réouvrir**
Dites plutôt : **rouvrir**
Mais **réouverture** !

Évitez de dire : **être gré** à quelqu'un de...
Dites plutôt : **savoir gré** à quelqu'un de...
Savoir gré = se montrer reconnaissant (« Nous vous savons [avons su – saurons...] gré de votre venue »). Le verbe être n'a rien à voir ici ! « Nous vous sommes

[avons été – serons...] gré de votre venue » serait archi-fautif.

Évitez de dire : **secréter**
Dites plutôt : **sécréter**
Bien marquer les deux accents (**sécrétion**). Sauf s'il s'agit de **secréter** (**secrétage**) des peaux avec du **secret** (solution de nitrate de mercure).

Évitez de dire : **s'entraider mutuellement**
Dites plutôt : **s'entraider**
Mais on peut s'aider mutuellement...

Évitez de dire : **s'avérer vrai** ou **faux**
Dites plutôt : **se révéler vrai** ou **faux**
Dans **s'avérer**, il y a « vrai ». « S'avérer vrai » est donc un pléonasme. Et « s'avérer faux », un non-sens. On pourra quand même dire : « Cela s'avère remarquable, clair, intelligent... » Mais **se révéler** demeure, dans tous les cas, préférable.

Évitez de dire : Le **Smig**
Dites plutôt : Le **Smic**
Voilà belle lurette que le salaire minimum interprofessionnel de croissance a remplacé le « salaire minimum (interprofessionnel) garanti ». On entend encore « le Smig ». Le temps passe, nous demeurons...

Évitez de dire : **solution de continuité** (dans le sens de « qui assure la continuité »)
Dites plutôt : **solution de continuité** (dans le sens de **qui interrompt**)
Expression souvent employée au rebours de son sens véritable ! Ici, **solution** = « interruption, coupure, dissolution » ; et pas du tout « qui assure la continuité, la cohésion » (« Une œuvre réalisée sans solution de continuité » = aucune interruption dans sa réalisation). En médecine, une solution de continuité désigne une rupture dans un tissu ou un os.

Évitez de dire : **supporter** quelqu'un dans l'effort.
Dites plutôt : **soutenir** quelqu'un dans l'effort.
Bien que **supporteur(trice)** existe, le substantif **supporter** demeure ancré... (« Les supporters du PSG et de l'OM »). On n'est pas pour autant obligé de « supporter » à tout bout de champ une personne ou un groupe. On peut aussi le **soutenir**, l'encourager, lui apporter un appui...

Évitez de dire : un **stewart**
Dites plutôt : un **steward**
Ce n'est pas parce que l'on emploie ce mot anglais en français qu'il faut transformer son *d* en *t*.

Évitez de dire : le **tendon** d'Achille (pour « le point faible »).
Dites plutôt : le **talon** d'Achille (pour « le point faible »).
Achille (mythologie grecque) mourut d'une blessure causée par une flèche qui l'atteignit à un talon, son seul endroit vulnérable. Voilà pourquoi le **talon d'Achille** désigne le point faible d'une personne (« Son talon d'Achille : l'argent »). En anatomie, le **tendon** d'Achille = le tendon reliant le muscle du mollet au talon.

Évitez de dire : **tour operator**
Dites plutôt : **tour-opérateur** ou **voyagiste**
La preuve est faite que, comme avec **ordinateur** pour *computer* ou **baladeur** pour *Walkman*, les équivalents français, ça peut marcher. Ça peut...

Évitez de dire : **tout azimut**
Dites plutôt : **tous azimuts**
Bien prononcer « tous *z*-azimuts ».

Évitez de dire : **de suite** (pour « immédiatement »)
Dites plutôt : **tout de suite**
Ainsi vaut-il mieux dire qu'« on va revenir tout de suite » et qu'« on est sorti plusieurs fois de suite ».

Évitez de dire : l'**université de Harvard**
Dites plutôt : l'**université Harvard**
Harvard, Yale, Columbia... ne sont pas des noms de villes, mais renvoient à John Harvard et Elihu Yale, qui furent des bienfaiteurs, et à Columbia University (New York). Donc, ne pas employer « de » après « université », contrairement à ce qui doit se faire, par exemple, avec l'université de Berkeley (ville de Californie). Mais, évidemment, on sort « de Harvard » comme « de Berkeley ».

Évitez de dire : **voire même**
Dites plutôt : **voire**
Pléonasme ou pas ? Non, si l'on se fie au sens originel de **voire** : « vraiment » (« voire même » = véritablement même). Oui, si l'on ne retient que son sens moderne : « même » (alors, « voire même » = deux fois « même »). Allégeons : « Nous irons à Paris, voire à Versailles », ou « ... et même à Versailles ».

INDEX

A

B

C

D

E

F

G

H

N

O

P

Q

R

S

W

Z

Édition exclusivement réservée
aux adhérents du Club
Le Grand Livre du Mois
15, rue des Sablons
75116 Paris
réalisée avec l'autorisation des éditions Albin Michel

*La composition de cet ouvrage
a été réalisée par I.G.S. Charente Photogravure,
à l'Isle-d'Espagnac,
l'impression et le brochage ont été effectués
sur presse Cameron dans les ateliers
de **Bussière Camedan Imprimeries**
à Saint-Amand-Montrond (Cher)*

Achevé d'imprimer en mars 2003.
N° d'impression : 031208/4.
Dépôt légal : janvier 2003.
ISBN : 2-7028-8140-8
Imprimé en France